Soziales Lernen

Die vielfältig vorgeschlagenen Spielformen ermöglichen dabei die besondere Pflege sozialer Arbeitsformen, die das Interesse für die nicht einfache Übungsarbeit wachrufen und aufrechterhalten. Gleichzeitig bieten diese auch die Chance, leistungsstärkere Schüler unbewußt als Helfer für Klassenkameraden einzusetzen, die noch nicht zur Stufe des mechanisierenden Übens vorgestoßen sind. So ermöglichen die Vorschläge des Handbuches oft die Möglichkeit zur Auflösung des homogenen Klassenverbandes und eröffnen reizvolle Aktionsformen zu einer effektiven Auseinandersetzung mit dem Unterrichtsgegenstand.

Viel Spaß und Erfolg wünsche ich Schülern und Lehrern mit diesem Handbuch.

Schwarzenbruck, Dezember 1989

Helmut Wilimsky

Grafiken

J. Böttger, Nürnberg: S. 6, 9, 13, 26 – 28, 33, 38 – 40, 44 – 46, 49, 51, 58, 64, 67, 69 – 71, 78 – 80. – Dolp & Partner, Regensburg: S. 7, 8, 14, 15, 25, 54, 55, 61 – 63, 77. – W. R. Mayer, Regensburg: S. 16, 22 – 24, 43, 76. – J. Schmalzl, Barbing: S.17, 21, 29, 32, 34, 35, 50, 56, 57, 68, 74, 75. – B. Wendnagel, München: Umschlagseite 1 und 4.

Verwendete Abkürzungen und Symbole:

AH Arbeitshilfe
LT Lehrtransparent

Einmaleins mit 2

Erarbeitung

AH 1, S. 6

Wir bilden Paare

Zielstellung

Entwickeln der Malaufgabe aus der Plusaufgabe
Erschließen der folgenden Aufgabe durch Verdoppeln, Halbieren und Ableiten aus der Nachbaraufgabe

Hinweis

Es empfiehlt sich, die einzelnen Aufgaben anhand von konkreten Gegenständen zu erarbeiten. Zur Ergebnissicherung wird die Arbeitshilfe eingesetzt.

Spielvorschlag

Die Schüler sehen sechs Stiefel und erkennen, daß immer zwei als ein Paar zusammengehören. Die Paare werden in einer geschlossenen Linie umfahren.

Wir sprechen: $2 + 2 + 2 = 6$

Wir sprechen kürzer: $3 \cdot 2 = 6$

Wir schreiben: $3 \cdot 2 = 6$

Die weiteren Aufgaben bearbeiten wir entsprechend:
6 Handschuhe zeigen, paarweise zuordnen, Operationen (zuerst Plus-, dann Malaufgabe) notieren; Paare auf der Arbeitshilfe umfahren und Rechenoperation als Malaufgabe notieren. Am Schluß werden die einzelnen Elemente abgezählt und das Ergebnis der Malaufgabe bestätigt.

Hinweis

Jede neue Aufgabe läßt sich operativ aus der letzten ableiten. Im Unterrichtsgespräch und in der Demonstration sollte darauf unbedingt eingegangen werden.

Übung

AH 2, S.7

Memory (Spiel)

Zielstellung

Üben des 2er-Einmaleins in Spielform
Rasches Erkennen der Mengenbilder und Umsetzen in die Malaufgabe

Hinweis

Das Blatt ist für jedes Spiel zweimal zu kopieren, damit jede Karte in doppelter Ausführung zur Verfügung steht. Es ist günstig, die Karten auf Karton aufzukleben. Das Spiel eignet sich gut als Partner- oder Gruppenspiel.

Spielvorschläge

Vorschlag 1

Wir erkennen die Malaufgabe

Das Spiel wird nach der bekannten Memoryregel gespielt. Deckt ein Spieler die beiden mengengleichen Karten auf, nennt er die Malaufgabe und das Ergebnis und legt die Karten bei sich ab. Sieger ist, wer am Schluß die meisten Karten hat.

Vorschlag 2

Wir rechnen die Malaufgabe und die Ergänzungsaufgabe

Die Schüler üben intensiver, wenn außer der vorgegebenen Malaufgabe die Leerfelder im 20er-Gitter berechnet werden.

Beispiel:

Beide Karten mit dem 12-Punkte-Feld werden aufgedeckt:

$6 \cdot 2 = 12$; $4 \cdot 2 = 8$ (Ergänzungsaufgabe!)

Vorschlag 3

Operatives Legespiel

Je ein Kartensatz wird an vier Schüler gleichmäßig verteilt, jeder Schüler bekommt 5 Karten. Der erste Spieler legt eine beliebige Karte aus und nennt die dazu passende Aufgabe. Der nächste Spieler darf
a) eine Nachbarkarte,
b) eine ‚Halbierungs-' oder ‚Verdopplungs-Karte' oder
c) eine Ergänzungskarte
darüber oder darunter anlegen.

Beispiel:

Spieler 1 legt auf: $4 \cdot 2 = 8$

Spieler 2 legt Nachbarkarte: $5 \cdot 2 = 10$ darunter an.

Spieler 3 legt Ergänzungskarte: $5 \cdot 2 = 10$ darunter an.

Spieler 4 verdoppelt mit der Karte: $10 \cdot 2 = 20$

Spieler 1 legt Verdopplungskarte: $8 \cdot 2 = 16$ über Karte: $4 \cdot 2 = 8$ an. Usw.

Spieler 1 (2)
Spieler 1 (1)
Spieler 2
Spieler 3
Spieler 4

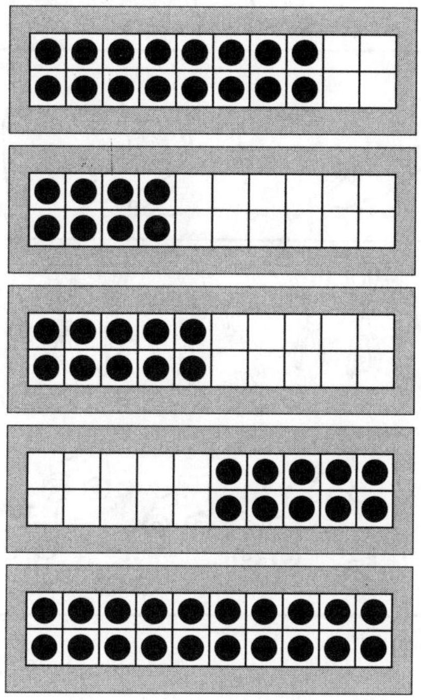

Sieger ist, wer zuerst alle Karten abgelegt hat.

Anwendung

AH 3, S. 8 **Sonne, Mond und Sterne**

Zielstellung Operatives Durcharbeiten der 2er-Reihe mit Selbstkontrolle

Hinweis Die beiden ersten Aufgaben werden gemeinsam gerechnet, um die Arbeitsweise zu klären. Danach wird der Lehrer im differenzierenden Unterrichtsverfahren die gewandten Rechner allein weiterarbeiten lassen, während er die schwachen Schüler betreut.

AH 4, S. 9 **Wer hat sich denn hier versteckt?**

Zielstellung Sichern der verschiedenen Einmaleinsaufgaben der 2er-Reihe auch in ihrer Umkehrung und in Verbindung mit Plus- und Minusaufgaben

Hinweis Einzelarbeit mit Selbstkontrolle

Lösung Das Eichkätzchen

	Wir bilden Paare

Kreise Paare ein.	Rechne.
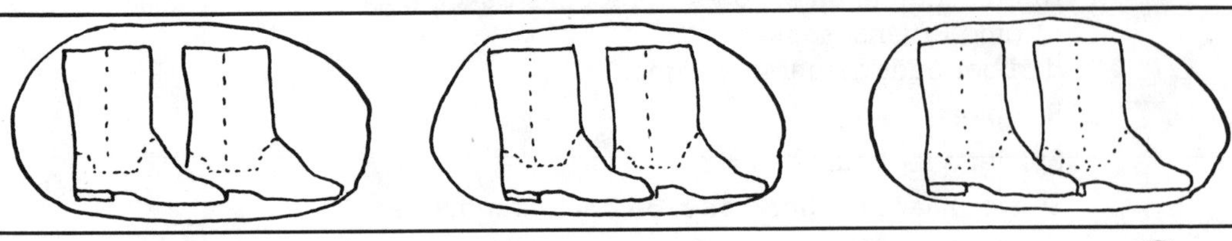	$3 \cdot 2 = 6$

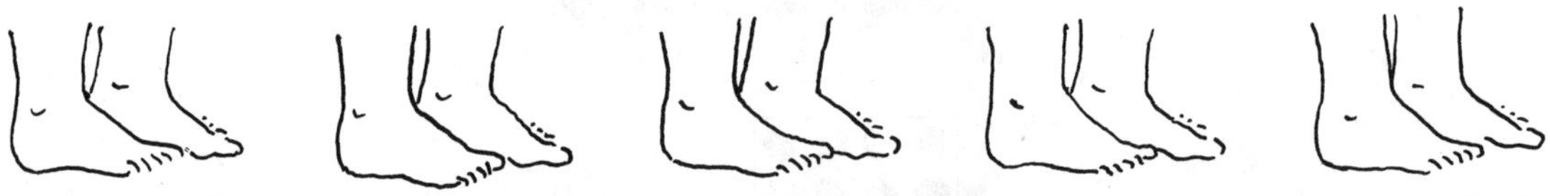	
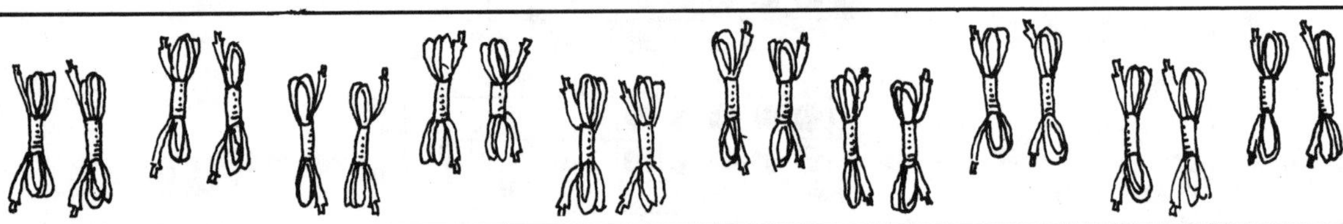	

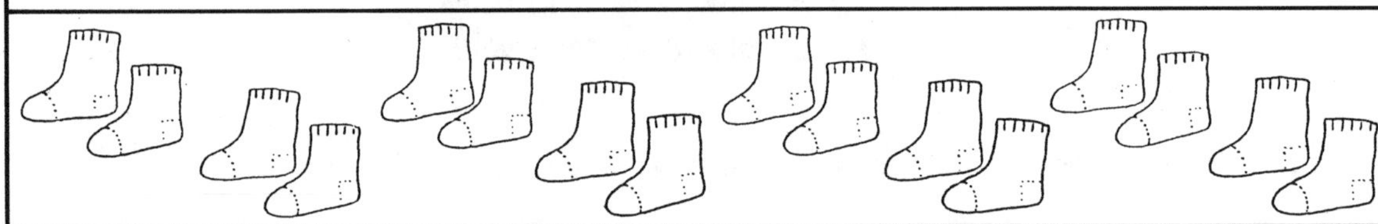	
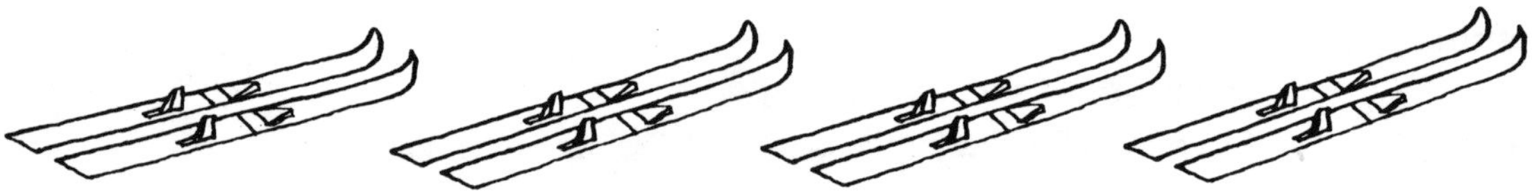	
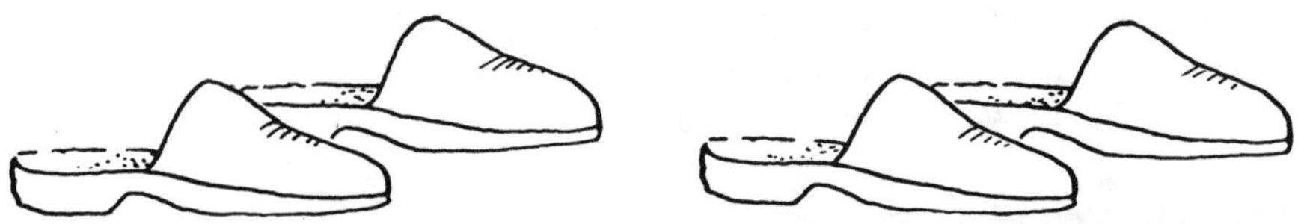	
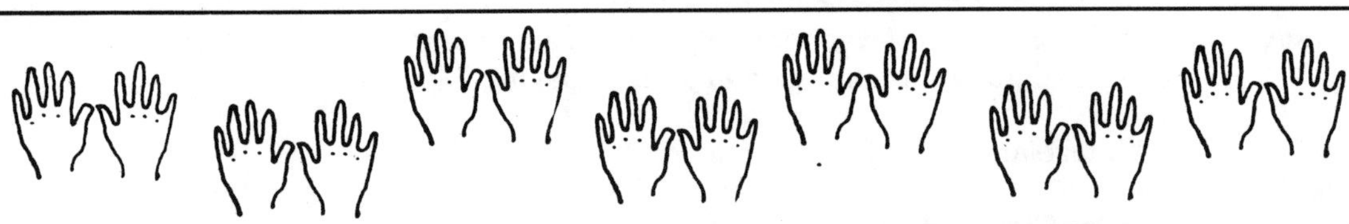	

Verlagsnummer **2 670.55** - I/V - Wolf-Handbuch „Spielend zum Einmaleins" – Arbeitshilfe 1

Wolf Verlag · Postfach 11 06 41, Haidplatz 2, 8400 Regensburg

Memory

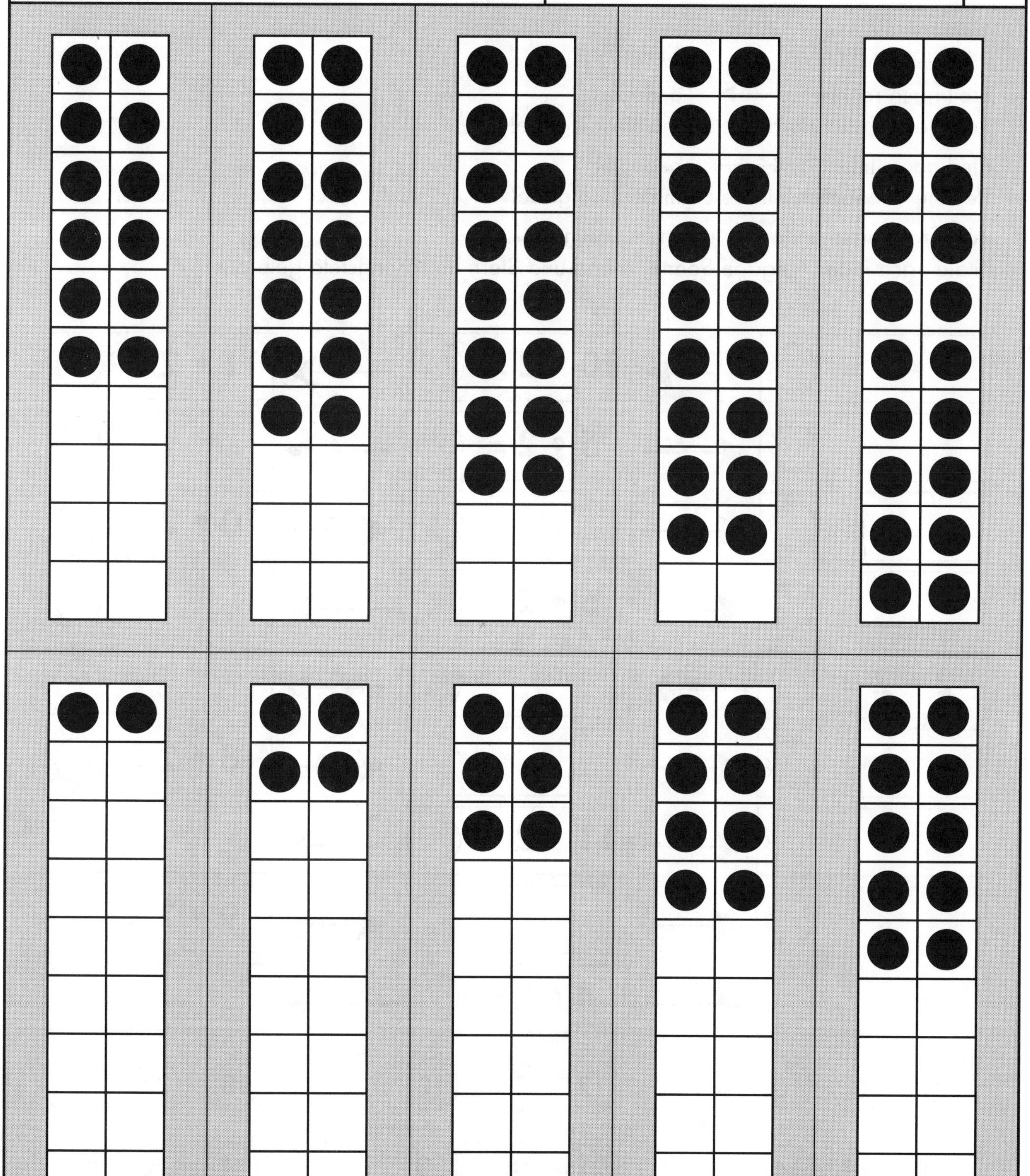

Wolf Verlag · Postfach 11 06 41, Haidplatz 2, 8400 Regensburg

Sonne, Mond und Sterne

So mußt du rechnen:

Pfeil nach rechts ⟶ bedeutet:
Rechne die nächstgrößere Einmaleinsaufgabe!

Pfeil nach links ⟵ bedeutet:
Rechne die nächstkleinere Einmaleinsaufgabe!

Alle Ergebnisse findest du unten im Lösungsfeld.
Male nach jeder Aufgabe Sonne, Mond und Stern im Lösungsfeld gelb aus.

$9 \cdot 2 =$	⟶	$10 \cdot 2 =$	⟶	$11 \cdot 2 =$
	⟵	$5 \cdot 2 =$	⟶	
	⟵		⟵	$10 \cdot 2 =$
	⟵	$6 \cdot 2 =$	⟶	
$2 \cdot 2 =$	⟶		⟶	
	⟵		⟵	$8 \cdot 2 =$
	⟵	$11 \cdot 2 =$	⟶	
	⟵		⟵	$9 \cdot 2 =$
	⟵	$4 \cdot 2 =$	⟶	

20	16	10	12	16	10	18	22	8
8	6	14	22	8	20	14	10	20
4	18	12	18	6	14	12	16	24

Wolf Verlag · Postfach 11 06 41, Haidplatz 2, 8400 Regensburg

Wer hat sich hier versteckt?

Rechne die Aufgaben aus. Wenn hinter deiner Lösung „gr" steht, malst du das Feld mit deiner gefundenen Zahl grün, steht „br", verwendest du braun.

8 · 2 − 7 =	gr	9 · 2 − 6 · 2 =	br
6 · 2 + 3 · 2 =	br	4 · 2 + 7 =	gr
9 · 2 + 3 =	gr	2 · 2 + 8 · 2 =	br
10 · 2 − 5 · 2 =	br	3 · 2 + 13 =	br
2 · 6 − 5 =	gr	8 · 2 − 7 · 2 =	br
6 · 2 − 4 · 2 =	br	10 · 2 − 15 =	gr
5 · 2 + 7 =	br	11 · 2 − 3 · 2 =	br
10 · 2 + 1 · 2 =	br	1 · 2 + 21 =	gr
10 · 2 − 7 =	gr	2 · 2 + 4 · 2 =	br
5 · 2 + 2 · 2 =	br	9 · 2 + 7 =	gr
10 · 2 + 9 =	gr	7 · 2 − 3 · 2 =	br
3 · 2 + 9 · 2 =	br	8 · 2 + 11 =	gr
7 · 2 − 3 =	gr	12 · 2 + 7 =	br

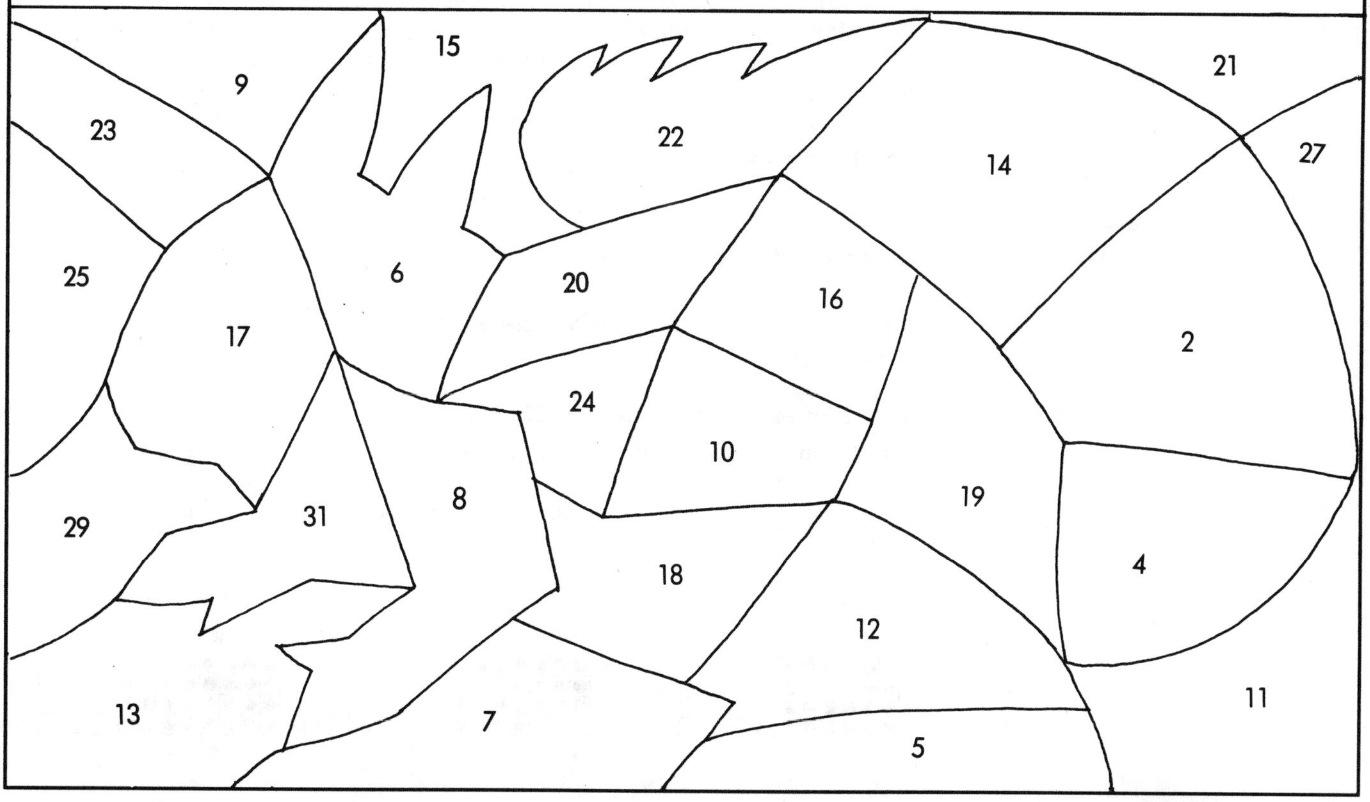

Verlagsnummer 2 670.55 - 1/V - Wolf-Handbuch „Spielend zum Einmaleins" – Arbeitshilfe 4

Wolf Verlag · Postfach 110641, Haidplatz 2, 8400 Regensburg

Einmaleins mit 4

Erarbeitung

LT 1, S. 13

Kinder stellen sich auf

Zielstellung

Entwickeln der 4er-Reihe aus der bekannten 2er-Reihe

Hinweis

Der Lehrer greift hierbei einen konkreten Anlaß auf, z. B. Aufstellen nach der Pause, Besuch eines Puppenspiels in der Stadthalle, Reihenbildung im Sportunterricht, ...

Bei der Erarbeitung im Klassenzimmer wird dann neben dem Lehrtransparent noch ein Abdeckblatt verwendet. Das 4er-Einmaleins läßt sich aus Aufgaben der 2er-Reihe ableiten. Dabei wird das Lehrtransparent sukzessiv aufgedeckt.

2 Paare mit 2; 1 Reihe mit 4; $1 \cdot 4 = 4$

4 Paare mit 2; 2 Reihen mit 4; $2 \cdot 4 = 8$

usw.

Für leistungsstarke Rechner sind auch Lückenaufgaben folgender Art sehr reizvoll:

8 · 2	+	8 · 2	=	16	+	16	=	32	=	8 · 4
<u>7 · 2</u>	+	<u>7 · 2</u>	=	14	+	14	=	<u>28</u>	=	7 · 4
<u>6 · 2</u>	+	6 · 2	=	<u>12</u>	+	<u>12</u>	=	<u>24</u>	=	<u>6 · 4</u>

AH 5/6, S. 14/15

Quartett mit 48 Karten (Kartenspiel)

Zielstellung

Aufbauen der 4er-Reihe
Umsetzen der Mengenbilder in Malaufgaben
Durchgliedern der Einmaleinsreihe durch operative Übungen

Hinweis

Jedes Kartenspiel besteht aus zwölf Karten mit der gleichen Farbe. Jeder Schüler stellt in Hausarbeit einen Kartensatz (= 12 Karten) her. Dazu benötigt er beide Arbeitshilfen. Die Karten werden ausgeschnitten und auf Karton geklebt. Alle Gitterfeldpunkte malt der Schüler mit einer der folgenden vier Farben aus: rot, blau, grün oder gelb. Das Ergebnis trägt er in die Kästchen der oberen linken Kartenecke ein.

Die Klasse wird in vier Gruppen aufgeteilt. Jede Gruppe erhält einen Kartensatz der gleichen Farbe.

Spielvorschläge

Vorschlag 1

Wir bauen die 4er-Reihe auf

Liegen die Karten geordnet vor, prägen wir uns die Zahlen der 4er-Reihe und ihre Malaufgaben ein, indem wir sie einige Male im Chor laut aufwärts und abwärts sprechen.

Vorschlag 2

Wir arbeiten operativ mit den Karten

Jeweils ein Schüler aus jeder Gruppe zieht eine beliebige Karte verdeckt aus dem gemischten Stoß, z. B. $28 = 7 \cdot 4$ und legt sie auf. Ein zweiter Schüler legt die beiden Nachbarkarten dazu, also: $24 = 6 \cdot 4$ und $32 = 8 \cdot 4$, usw.

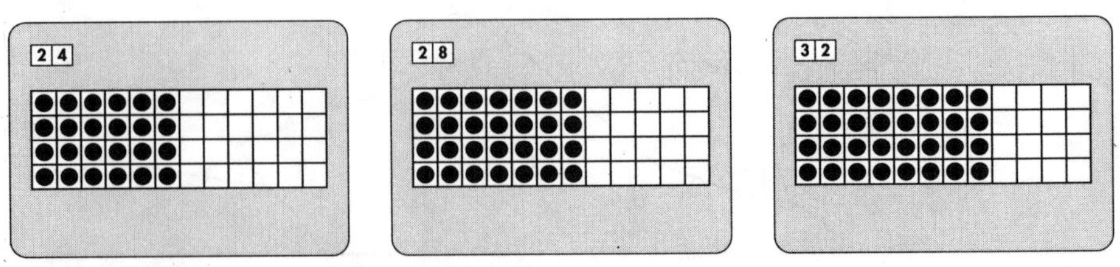

Wieder wird eine beliebige Karte aus dem Stoß gezogen, z. B. 40. Welche Karte ergänzt zum vollen Gitterfeld?

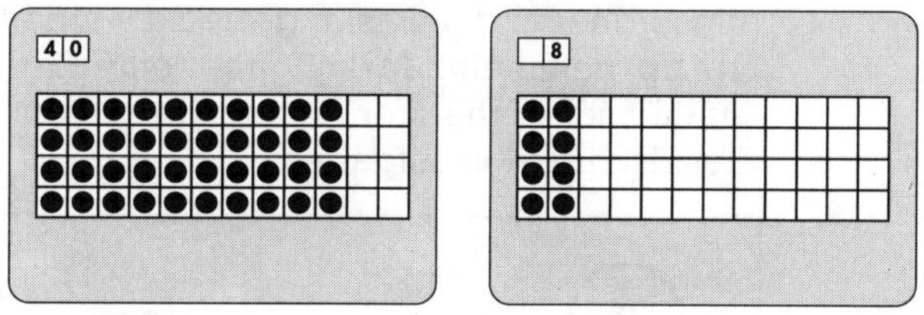

Vorschlag 3

Quartettspiel in der Kleingruppe

Hierzu sind vier Kartensätze in den Farben rot, blau, grün und gelb nötig. Die Karten werden erfragt, wobei zuvor die Malaufgabe mit dem Ergebnis und die Farbe der gesuchten Karte genannt wird. Quartette werden abgelegt.

Übung

Hundemeute (Laufspiel)

Zielstellung

Üben des 4er-Einmaleins in einer sportlichen Form

Hinweis

Das Laufspiel findet im Freien auf einem Rasen- oder Sportplatz statt. Auf Fähnchen oder Täfelchen sind gut sichtbar die Malaufgaben bzw. die Ergebnisse der 4er-Reihe aufgeschrieben. (Malaufgaben auf der Vorder-, Ergebnisse auf der Rückseite!) In den beiden Startfeldern rechts und links des Lehrers warten die Hundemeuten, jeweils die Hälfte der Schüler einer Klasse, auf ihren Einsatz.

Spielvorschläge

Vorschlag 1

Leichte Läufe

Der Lehrer ruft die Meute 1 auf und nennt eine Zahl der 4er-Reihe, z. B. 36. Jetzt saust die Gruppe los, schart sich um das richtige Täfelchen und ruft im Chor: $9 \cdot 4 = 36$. Der Lehrer ruft die Meute 2 auf..... Die Läufer der ersten Gruppe kehren wieder zum Startfeld zurück.

Wird die Spielfeldseite gewechselt, ruft der Lehrer natürlich die Malaufgaben, weil die Hunde die Ergebnisszahlen sehen.

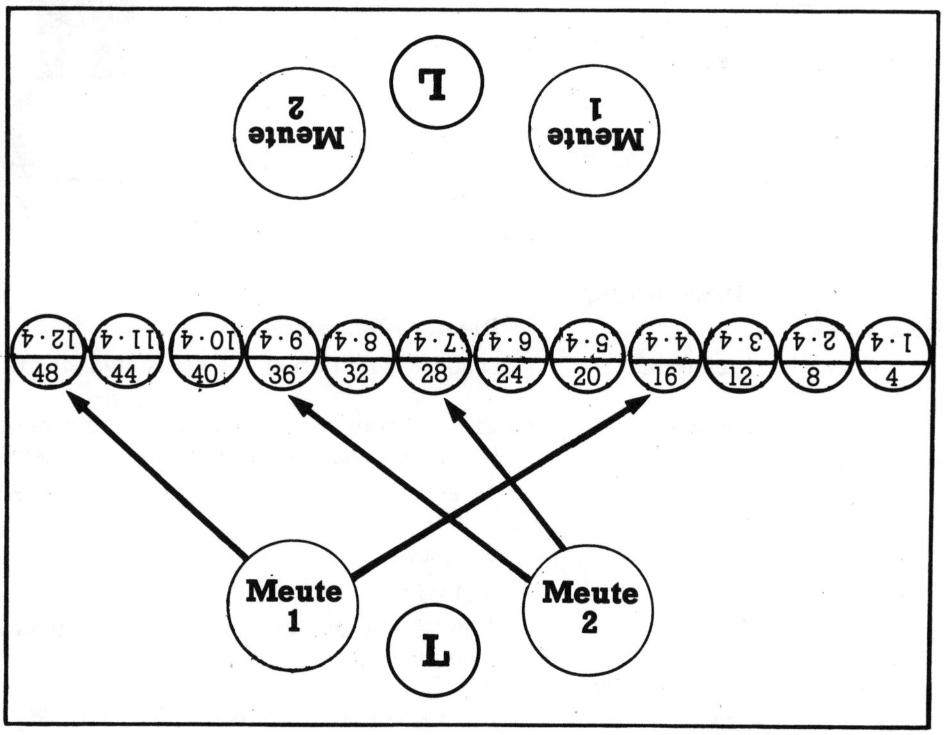

Vorschlag 2

Erschwerte Läufe

Das Spiel wird erschwert, wenn die Fähnchen oder Täfelchen beliebig und ungeordnet in den Rasen gesteckt werden. Der Lehrer beachtet das operative Prinzip, nennt eine Malaufgabe (eine Ergebniszahl), und die beiden Meuten laufen nach vorheriger Absprache zu den Tafeln der Nachbar-Ergebniszahlen (der Nachbar-Malaufgaben).

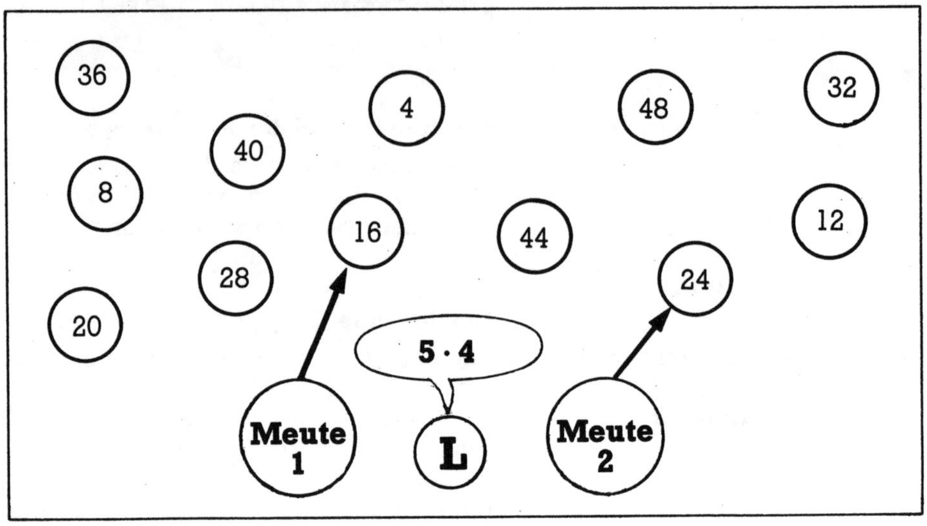

AH 7, S. 16

Kreuzzahlrätsel

Zielstellung

Lustbetontes Sichern der verschiedenen Einmaleinsaufgaben der 4er-Reihe in Verbindung vor allem mit Plus- und Minusaufgaben

Hinweis

Es empfiehlt sich, die ersten Aufgaben gemeinsam zu lösen, damit jedem Schüler klar wird, wie er bei einem Kreuzzahlrätsel vorgehen muß. Wer diese Technik verstanden hat, rechnet allein weiter.

Wir beginnen also z. B. so:

A waagrecht: 8 · 4 = 32

B senkrecht: 6 · 4 = 24

F waagrecht: 11 · 4 = 44

Anwendung

AH 8, S. 17

Die 4er-Meisterschaft

Zielstellung

Lösen von Aufgaben des 4er-Einmaleins in erschwerter Aufgabenstellung

Hinweis

Diese anspruchsvollen Aufgaben sind wegen der Verschlüsselung des Lösungssatzes besonders reizvoll. Nur leistungsstarke Schüler sollten diese Aufgaben in Einzelarbeit angehen. Die leistungsschwachen Rechner führt der Lehrer.

Beispiel:

6 · 4 = 24

4 entspricht im Lösungsschlüssel D, also wird in das erste Kästchen ein D eingetragen.

Lösung

DU ✱ HAST ✱ ALLES ✱ RICHTIG ✱ GERECHNET ✱ BRAVO ✱

Kinder stellen sich auf

Nach der Pause:

Zum Kasperlspiel:

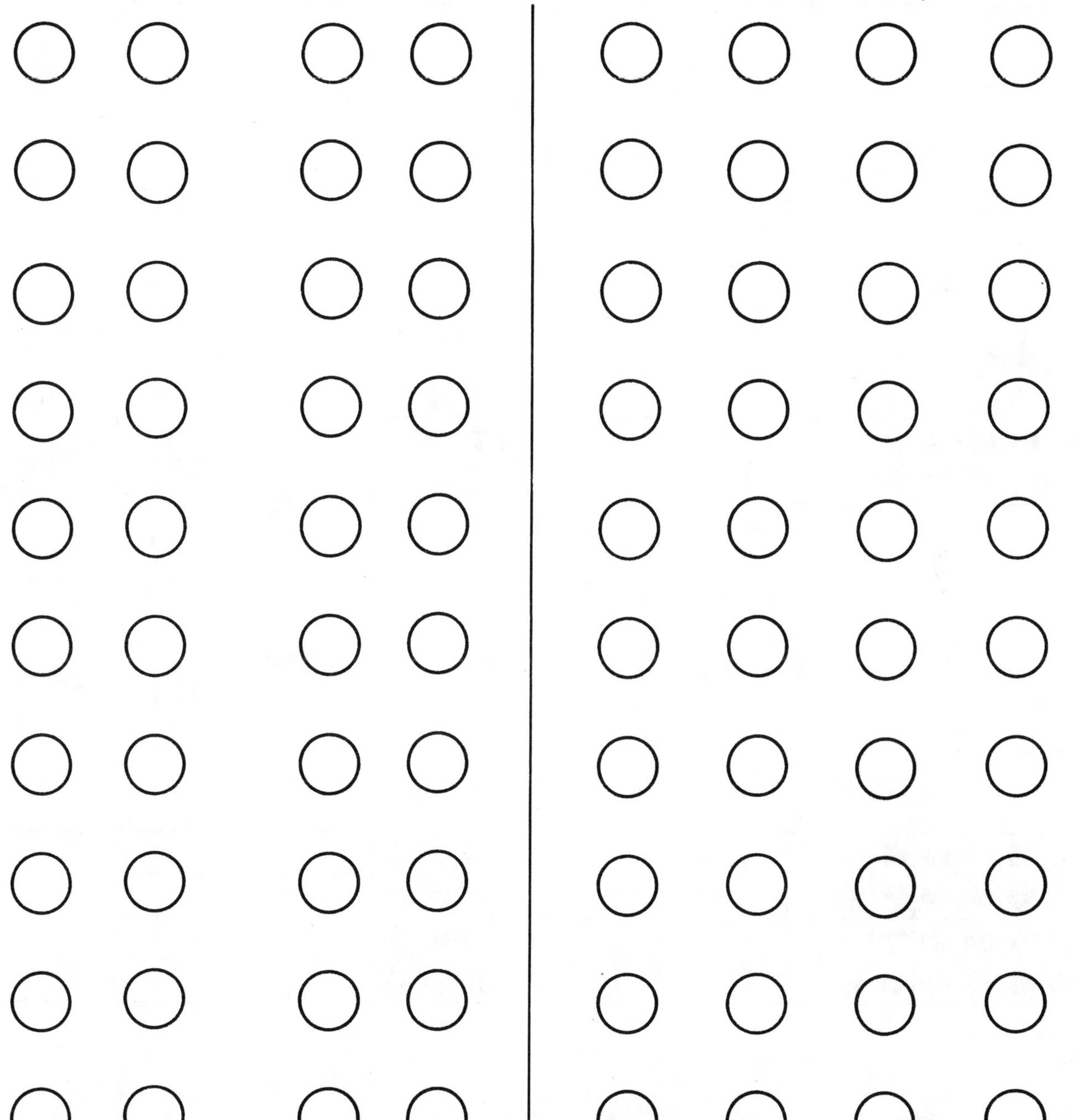

Verlagsnummer **2 670.55** - 1/V - Wolf-Handbuch „Spielend zum Einmaleins" – Lehrtransparent 1

Wolf Verlag · Postfach 11 06 41, Haidplatz 2, 8400 Regensburg

Quartett

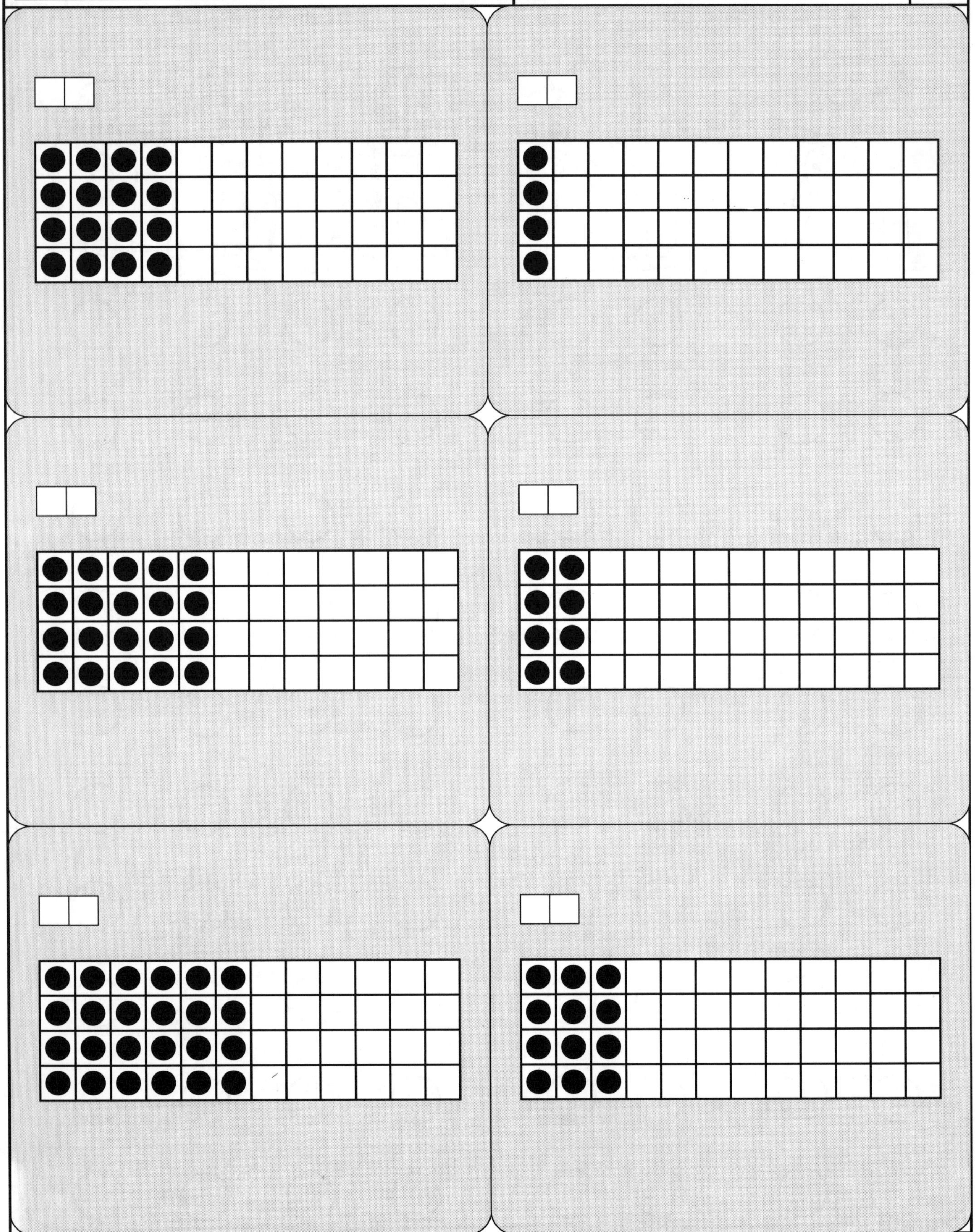

Wolf Verlag · Postfach 110641, Haidplatz 2, 8400 Regensburg

Quartett

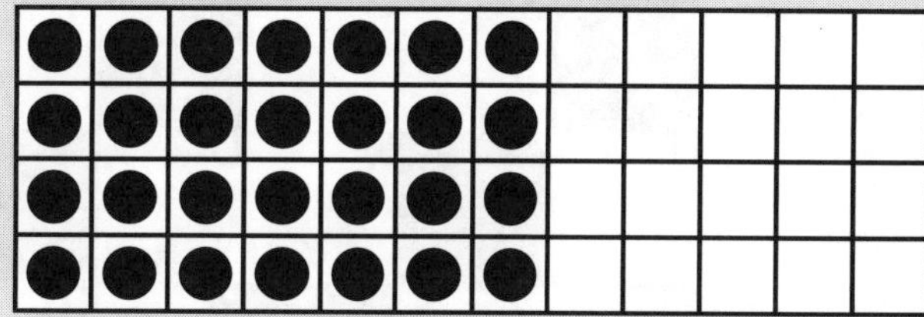

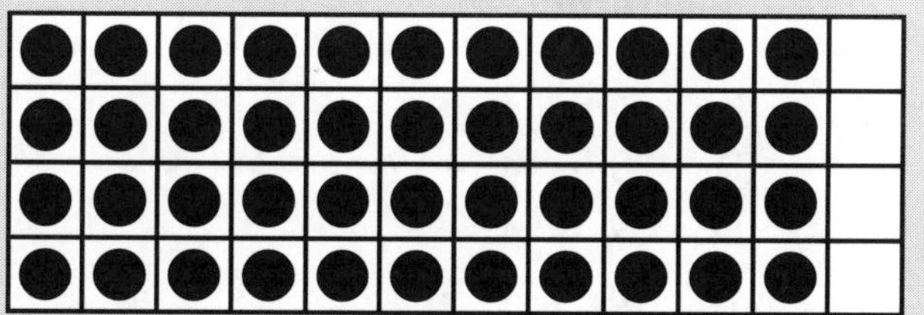

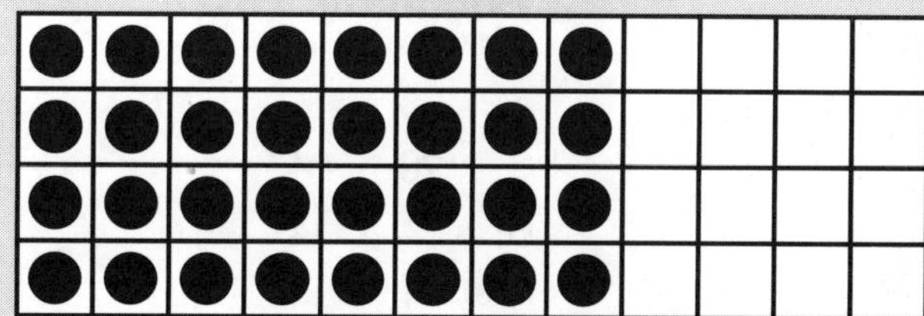

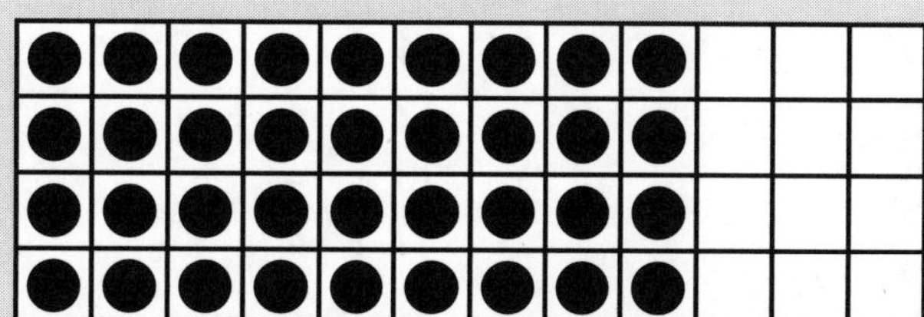

Kreuzzahlrätsel

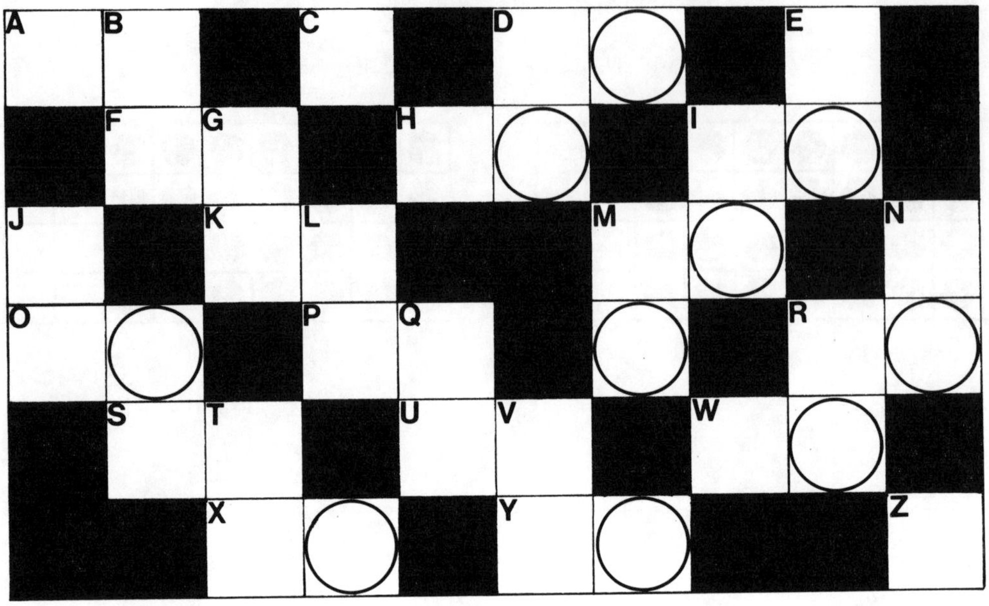

Waagrecht:

A: 8 · 4
C: 20 : 4
D: 4 · 4
F: 11 · 4
H: 6 · 4 – 4
I: 9 · 4
K: 3 · 4 – 1
M: 5 · 4 + 2
O: 12 · 4
P: 5 · 4 + 3
R: 7 · 4
S: 8 · 4
U: 8 · 4 – 1
W: 4 · 4 – 5
X: 12 · 4 + 1
Y: 10 · 4
Z: 12 : 4

Senkrecht:

B: 6 · 4
D: 3 · 4 – 2
E: 9 · 4
G: 10 · 4 + 1
I: 8 · 4
J: 11 · 4
L: 3 · 4
M: 5 · 4
N: 12 · 4
Q: 9 · 4 – 3
R: 6 · 4 – 3
T: 6 · 4
V: 4 · 4 – 2

Kontrolliere dich selbst.
Wenn du alle Zahlen, die in den zehn Kreisen stehen, zusammenzählst, kommt 40 heraus.

Verlagsnummer **2 670.55** - I/V - Wolf-Handbuch „Spielend zum Einmaleins" – Arbeitshilfe 7

Wolf Verlag · Postfach 110641, Haidplatz 2, 8400 Regensburg

Die 4er-Meisterschaft

① 6 · □ = 24
② 4 · 4 − 1 = □
③ □ · 4 = 28
④ 8 · 4 + □ = 33
⑤ 2 · 4 + □ = 21
⑥ 3 · 4 + 2 = □
⑦ 5 · 4 − □ = 19
⑧ □ · 4 = 36
⑨ 10 · 4 − □ = 31
⑩ □ · 4 + 3 = 23
⑪ 4 · 4 − 3 = □
⑫ 2 · 4 + 1 · 4 = □
⑬ 9 · 4 − 7 · 4 = □
⑭ 6 · 4 + □ = 27
⑮ □ · 4 + 4 · 4 = 44
⑯ 8 · 4 + □ = 46

⑰ 6 · 4 − 4 · 4 = □
⑱ □ · 4 + 6 · 4 = 48
⑲ □ · 4 − 2 = 22
⑳ □ · 4 + 3 · 4 = 32
㉑ 7 · 4 − 4 · 4 = □
㉒ 2 · 4 − 3 = □
㉓ □ · 4 + 2 · 4 = 20
㉔ □ · 4 − 12 = 16
㉕ 8 · 4 − □ = 22
㉖ 11 · 4 + □ = 49
㉗ 4 · 4 − 2 = □
㉘ □ · 4 + 7 · 4 = 36
㉙ □ · 4 − 1 = 47
㉚ 5 · 4 − 19 = □
㉛ 8 · 4 − 4 · 4 = □
㉜ 4 · 4 + □ = 27

Der Schlüssel:

1	2	3	4	5	6	7	8	9	10	11	12	13	14	15	16
A	B	C	D	E	G	H	I	L	N	O	R	S	T	U	V

Die Lösung:

①	②	■	③	④	⑤	⑥	■	⑦	⑧	⑨	⑩	⑪	■	
		■					■						■	
⑫	⑬	⑭	⑮	⑯	⑰	⑱	■							
							■							
⑲	⑳	㉑	㉒	㉓	㉔	㉕	㉖	㉗	■	㉘	㉙	㉚	㉛	㉜
									■					

Wolf Verlag · Postfach 11 06 41, Haidplatz 2, 8400 Regensburg

Einmaleins mit 8

Erarbeitung

Himmel und Hölle (Hüpfspiel)

Zielstellung

Erarbeiten der Einmaleinsreihe in einer lockeren Spielform
Einprägen der Zahlen der 8er-Reihe

Hinweis

Die Mathematikstunde findet heute im Schulhof statt. Die 8er-Zahlen sind noch nicht mit Kreide in den Feldern eingetragen, lediglich die Wörter „Himmel", „Hölle" und „Erde".

Ein Schüler hüpft nun vom Feld „Erde" aus auf der Außenkreisbahn einmal herum, während die Klasse die Hopser laut mitzählt. Bei „8" befindet sich der Schüler wieder im Feld „Erde". Wir tragen die 8 im darüberliegenden kleinen Hüpffeld ein. Ein zweiter Schüler hopst nun wieder um den Kreis herum, die Klasse zählt bis 16. Diese Zahl wird ins nächste Feld eingetragen usw. Wir erhalten so die 8er-Reihe.

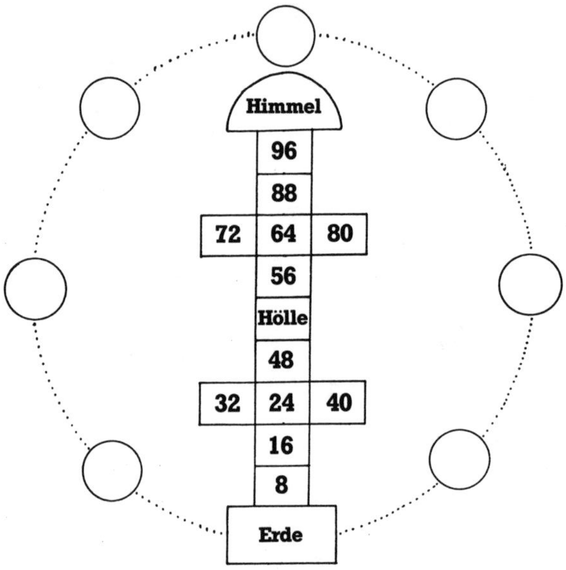

Spielvorschläge

Vorschlag 1

Einzelhüpfen

Der Lehrer nennt eine Aufgabe, z. B. 7 · 8. Ein Schüler hüpft die Felderfolge ab, und die Klasse spricht im Chor dazu: 8, 16, 24, 32, 40, 48, 56 usw.

Vorschlag 2

Kettenhüpfen

Die Schüler durchhüpfen nacheinander und hintereinander die 8er-Reihe vorwärts und rückwärts und prägen sich so die Zahlenfolge ein.

Vorschlag 3

Prüfhüpfen

Ein Schüler hüpft, ein anderer ruft an einer beliebigen Stelle ‚Stop!'. Das hopsende Kind nennt nun die Malaufgabe.

Übung

Spielvorschlag

Himmel und Hölle (Spielform)

Standplatz ist die „Erde". Der beginnende Spieler wirft ein Steinchen (Pfennig, Kronkorken, ...) ins Feld 8. Dann hüpft er mit einem Bein in dieses Feld und weiter von Feld zu Feld bis zum „Himmel", wobei die „Hölle" übersprungen werden muß. Auf dem Rückweg nimmt er sein Steinchen auf. Jetzt wirft der Spieler sein Steinchen ins Feld 16 und wiederholt den Hüpflauf. In den seitlich versetzten Feldern 32, 40, 72, 80 und im „Himmel" darf der Spieler mit beiden Beinen aufkommen, muß es aber nicht.

Trifft jemand mit seinem Steinchen nicht das richtige Feld oder tritt er beim Hüpfen über die Feldbegrenzung, so ist der nächste Hüpfer an der Reihe. Kommt der erste nach einem Wurf- oder Hüpffehler eines anderen Spielers wieder dran, macht er dort weiter, wo er aufgehört hat. Wer zuerst mit seinem Spielstein im „Himmel" ankommt, hat gewonnen.

AH 9, S. 21

Im Blumengarten (Würfelspiel)

Zielstellung Intensives Üben des 8er-Einmaleins

Hinweis Als Spielmaterialien werden benötigt: der Spielplan (AH 9 S. 21), für jeden Spieler ein Spielstein, Würfel und 24 Aufgabenkärtchen. Sie sind leicht herzustellen, indem man z. B. Karteikärtchen DIN A 7 verwendet und sie auf Vorder- und Rückseite entsprechend der folgenden Angaben beschriftet:

	Vorderseite	**Rückseite**
eine Karte	1 · 8	8
eine Karte	2 · 8	16
zwei Karten	3 · 8	24
zwei Karten	4 · 8	32
zwei Karten	5 · 8	40
drei Karten	6 · 8	48
drei Karten	7 · 8	56
drei Karten	8 · 8	64
zwei Karten	9 · 8	72
eine Karte	10 · 8	80
zwei Karten	11 · 8	88
zwei Karten	12 · 8	96

Spielvorschlag **Vorrücken nach Würfelzahl**

Die Regeln für die einzelnen „Ereignisfelder" lauten:

Blumenfeld: Pfeil zeigt an, auf welches Feld vorgerückt werden darf!
?-Feld: Karte ziehen, Aufgabe lösen: Entweder Ergebnis nennen oder Ergebnis zur Malaufgabe sagen.
V-Feld: 8er-Reihe vorwärts aufsagen!
R-Feld: 8er-Reihe rückwärts aufsagen!
Die Kontrolle geschieht durch die Mitspieler.

Bei falscher Antwort:
?-Feld: 4 Felder zurück!
V-Feld: 2 Felder zurück!
R-Feld: 1 Feld zurück!

Beliebige Variationen sind jederzeit möglich.

Hinweis Der Einsatz dieses Würfelspiels geschieht am effektivsten in Kleingruppen. Will der Lehrer Aufgaben des 2er- und 4er-Einmaleins integrieren, fertigt er entsprechende Kartensätze dieser den Schülern bereits bekannten Reihen an. Vor Beginn des Spiels werden alle Karten gut gemischt.

Das Würfelspiel ist für alle Einmaleinsreihen einsetzbar. Es muß nur der Kartensatz ausgetauscht werden.

Anwendung

AH 10 – 12, S. 22 – 24

Welches Ergebnis stimmt? (Rechenkarten)

Zielstellung Errechnen der Aufgaben im Auswahlverfahren
Sichern der Einmaleinsaufgaben der 8er-Reihe, auch der 4er- und 2er-Reihe, in Verbindung mit Geteilt-, Plus- und Minusaufgaben

LT 2, S. 25

Hinweis

Der Schüler rechnet die Aufgaben aus und malt das nach seiner Meinung richtige Auswahlergebnisfeld rot aus. Sind alle Aufgaben gerechnet, überprüft er selbst (oder der Lehrer) anhand von LT 2, S. 25, durch Auflegen, ob die Lösungen stimmen. Jedes jetzt sichtbar rot ausgemalte Auswahlergebnisfeld zeigt eine fehlerhafte Aufgabe an, die gleich berichtigt wird.

8 · 8 =	56	64	72
6 · 8 =	48	56	64
3 · 8 =	8	16	24
10 · 8 =	72	80	88
2 · 8 =	8	16	24
7 · 8 =	56	64	72
9 · 8 =	64	72	80
12 · 8 =	80	88	96
7 · 8 =	48	56	64
5 · 8 =	40	48	56
4 · 8 =	16	24	32
9 · 8 =	56	64	72

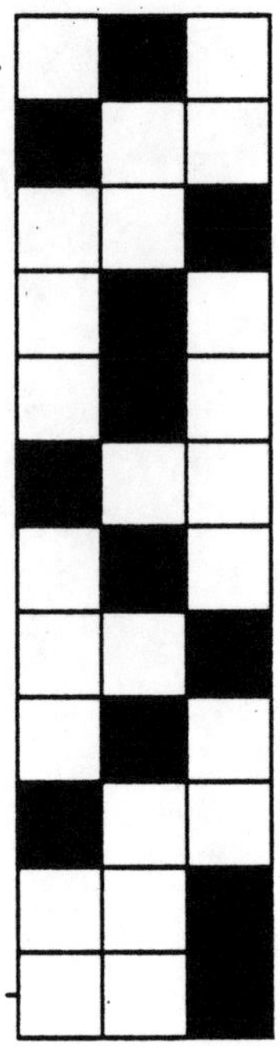

Mit der nächsten Karte, die sich der Schüler beim Lehrer holt, wird auf die gleiche Weise verfahren.

Differenzierungsmöglichkeit:
Einsatz der Rechenkarten nach Lernfortschritt des Schülers unter Beachtung des Schwierigkeitsgrades der einzelnen Kartensätze.

AH 13 – 16,
S. 26 – 29

Im Märchenwald

Zielstellung

Vielfältiges Üben der Einmaleinsaufgaben in differenzierter Aufgabenstellung
Lösen von Textaufgaben

Hinweis

Das Spiel scheint eher für eine Wiederholung in der 3. Jgst. geeignet.

Material

Plan ‚Märchenwald', verschiedene Rechenkarten mit Märchensymbolen, Spinnennetz mit Lösungen und Lösungsbuchstaben

Spielvorschlag

Jeder Schüler erhält einen Spielplan und das Lösungsblatt mit dem Spinnennetz. Er wählt sich selbst den seinen Fähigkeiten entsprechenden Rechenweg durch den Märchenwald:

Der leichteste Weg (3 Stationen): Rotkäppchen – Der Wolf und die sieben Geißlein – Der gestiefelte Kater

Der mittlere Weg (4 Stationen): Rotkäppchen – Der Wolf und die sieben Geißlein - Der gestiefelte Kater – Aschenputtel

Der schwierige Weg (5 Stationen): Hänsel und Gretel – Schneewittchen – Der Wolf und die sieben Geißlein – Die sieben Raben – Aschenputtel

Jeder Schüler holt sich beim Lehrer die erste Rechenkarte für seine Route. Er rechnet die Aufgaben aus, streicht die Ergebnisse im Spinnennetz durch – sie sind jeweils in einem Sektor zu finden – und notiert den Lösungsbuchstaben auf dem Spielplan in dem ersten Lösungskästchen. Nun holt er sich die nächste Rechenkarte usw.

Lösungen

Hex – Hexe – Riese

Im Blumengarten

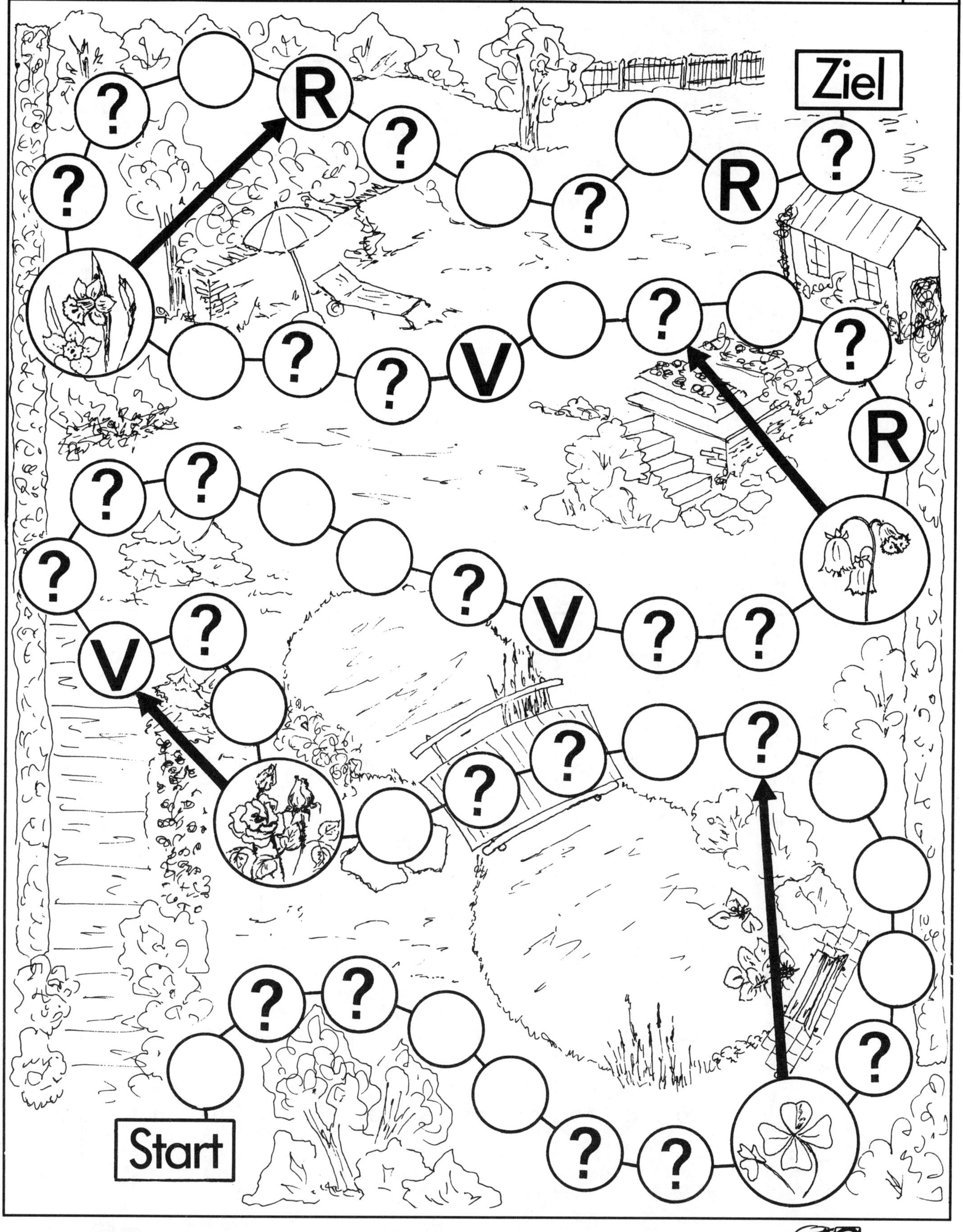

Wolf Verlag · Postfach 110641, Haidplatz 2, 8400 Regensburg

Welches Ergebnis stimmt?

Rechenkarte 1
Rechne jede Aufgabe aus und male das Lösungskästchen rot aus.
Kontrolliere mit der Lösungsfolie.

8 · 8	=	56	64	72
6 · 8	=	48	56	64
3 · 8	=	8	16	24
10 · 8	=	72	80	88
2 · 8	=	8	16	24
7 · 8	=	56	64	72
9 · 8	=	64	72	80
12 · 8	=	80	88	96
7 · 8	=	48	56	64
5 · 8	=	40	48	56
4 · 8	=	16	24	32
9 · 8	=	56	64	72

Rechenkarte 2
Rechne jede Aufgabe aus und male das Lösungskästchen rot aus.
Kontrolliere mit der Lösungsfolie.

40 : 8	=	4	5	6
24 : 8	=	3	4	5
16 : 8	=	1	2	3
48 : 8	=	6	7	8
96 : 8	=	10	11	12
56 : 8	=	7	8	9
32 : 8	=	3	4	5
88 : 8	=	10	11	12
56 : 8	=	6	7	8
64 : 8	=	7	8	9
72 : 8	=	7	8	9
32 : 8	=	4	5	6

Verlagsnummer **2 670.55** · I/V · Wolf-Handbuch „Spielend zum Einmaleins" – Arbeitshilfe 10 (Ausschneidebogen)

Wolf Verlag · Postfach 110641, Haidplatz 2, 8400 Regensburg

Welches Ergebnis stimmt?

Rechenkarte 3
Rechne jede Aufgabe aus und male das Lösungskästchen rot aus.
Kontrolliere mit der Lösungsfolie.

9 · 8 − 4 =	67	68	69
12 · 8 + 3 =	97	98	99
8 · 8 − 5 =	59	60	61
6 · 8 + 3 =	50	51	52
3 · 8 − 6 =	18	19	20
10 · 8 + 9 =	88	89	90
2 · 8 + 7 =	21	22	23
7 · 8 − 8 =	47	48	49
9 · 8 − 5 =	67	68	69
7 · 8 + 6 =	62	63	64
5 · 8 − 5 =	34	35	36
4 · 8 − 7 =	23	24	25

Rechenkarte 4
Rechne jede Aufgabe aus und male das Lösungskästchen rot aus.
Kontrolliere mit der Lösungsfolie.

9 · 8 − ☐ = 69	2	3	4
10 · 8 + ☐ = 82	1	2	3
11 · 8 + ☐ = 89	1	2	3
8 · 8 − ☐ = 60	4	5	6
4 · 8 − ☐ = 26	5	6	7
7 · 8 − ☐ = 49	5	6	7
5 · 8 + ☐ = 46	4	5	6
7 · 8 + ☐ = 63	6	7	8
12 · 8 + ☐ = 98	2	3	4
3 · 8 − ☐ = 18	6	7	8
9 · 8 − ☐ = 67	4	5	6
6 · 8 − ☐ = 45	1	2	3

Verlagsnummer **2 670.55** - 1/V - Wolf-Handbuch „Spielend zum Einmaleins" – Arbeitshilfe 11 (Ausschneidebogen)

Wolf Verlag · Postfach 11 06 41, Haidplatz 2, 8400 Regensburg

Welches Ergebnis stimmt?

Rechenkarte 5
Rechne jede Aufgabe aus und male das Lösungskästchen rot aus.
Kontrolliere mit der Lösungsfolie.

6 · 8 − 3 · 8	=	16	24	32
8 · 8 + 2 · 8	=	80	88	96
5 · 8 − 4 · 8	=	8	16	24
10 · 8 + 2 · 8	=	80	88	96
9 · 8 − 4 · 8	=	32	40	48
7 · 8 − 3 · 8	=	24	32	40
8 · 4 + 2 · 8	=	32	40	48
3 · 8 + 1 · 8	=	24	32	40
12 · 8 − 5 · 8	=	56	64	72
11 · 8 − 7 · 8	=	16	24	32
8 · 8 − 6 · 8	=	8	16	24
2 · 8 + 7 · 8	=	64	72	80

Rechenkarte 6
Rechne jede Aufgabe aus und male das Lösungskästchen rot aus.
Kontrolliere mit der Lösungsfolie.

4 · 4 + 5 · 8	=	48	56	64
9 · 8 − 7 · 2	=	48	56	58
11 · 2 + 3 · 8	=	40	44	46
12 · 4 − 2 · 8	=	32	36	40
6 · 8 + 8 · 4	=	72	80	88
12 · 8 − 9 · 4	=	60	64	72
4 · 8 + 9 · 2	=	44	48	50
8 · 8 − 8 · 2	=	40	48	56
11 · 8 − 11 · 4	=	36	40	44
7 · 8 + 6 · 2	=	68	72	80
10 · 8 − 6 · 4	=	44	48	56
7 · 4 + 8 · 1	=	36	40	44

Verlagsnummer **2 670.55** - 1/V - Wolf-Handbuch „Spielend zum Einmaleins" – Arbeitshilfe 12 (Ausschneidebogen)

Wolf Verlag · Postfach 110641, Haidplatz 2, 8400 Regensburg

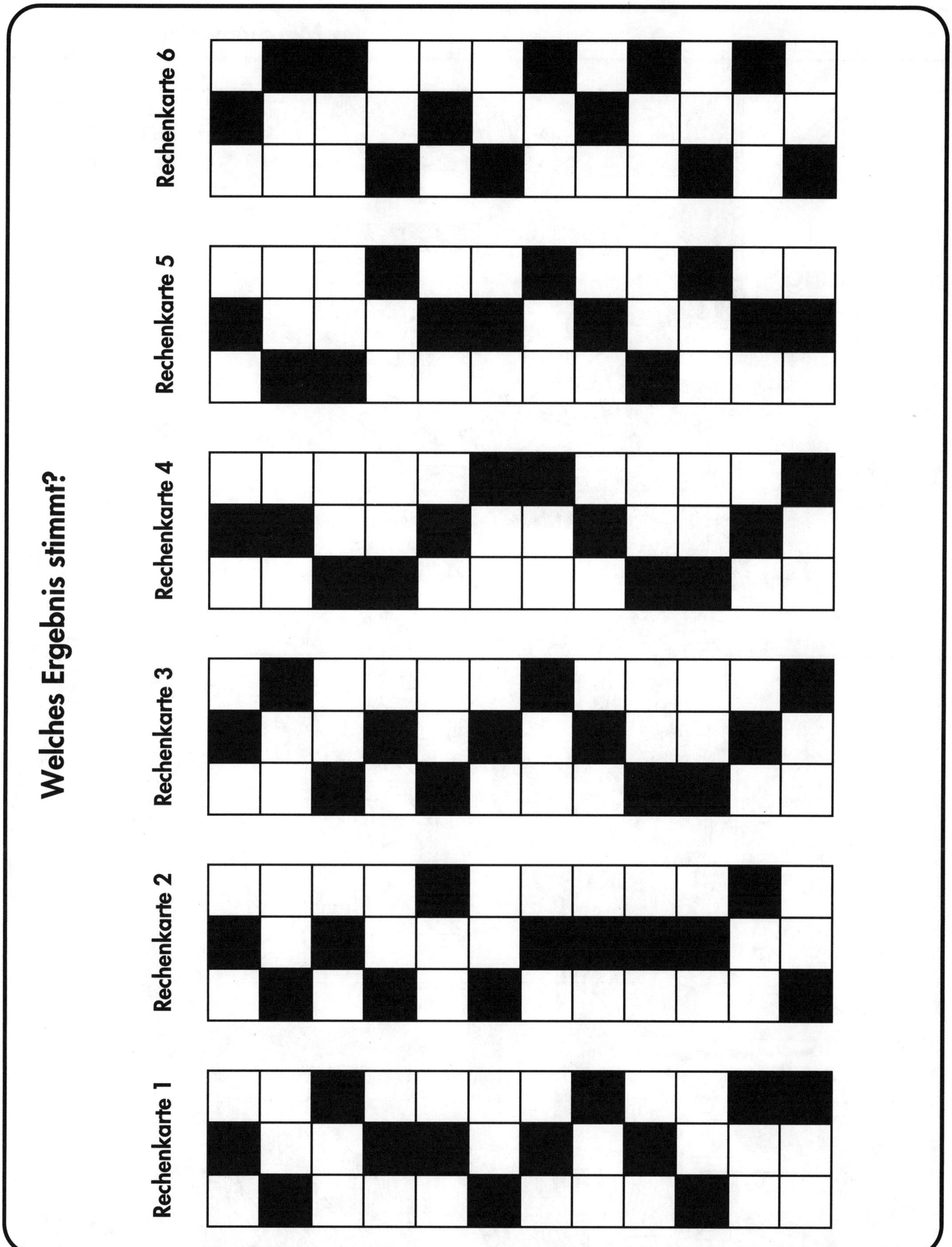

Verlagsnummer **2 670.55** - 1/V - Wolf-Handbuch „Spielend zum Einmaleins" – Lehrtransparent 2

Wolf Verlag · Postfach 11 06 41, Haidplatz 2, 8400 Regensburg

Im Märchenwald

Wolf Verlag · Postfach 110641, Haidplatz 2, 8400 Regensburg

Im Märchenwald

3 · 8 = ☐
6 · 8 = ☐
8 · 8 = ☐
4 · 8 = ☐
2 · 8 = ☐
9 · 8 = ☐
11 · 8 = ☐
7 · 8 = ☐

64 : 8 = ☐
72 : 8 = ☐
96 : 8 = ☐
88 : 8 = ☐
24 : 8 = ☐
48 : 8 = ☐
40 : 8 = ☐
56 : 8 = ☐

3 · 8 − 12 = ☐
6 · 8 + 3 = ☐
5 · 8 + 17 = ☐
7 · 8 − 9 = ☐
9 · 8 − 4 = ☐
10 · 8 − 5 = ☐
4 · 8 + 7 = ☐
8 · 8 − 6 = ☐

Verlagsnummer **2 670.55** - I/V - Wolf-Handbuch „Spielend zum Einmaleins" – Arbeitshilfe 14 (Ausschneidebogen)

Wolf Verlag · Postfach 110641, Haidplatz 2, 8400 Regensburg

$61 = 8 \cdot 8 - \square$

$73 = 9 \cdot 8 + \square$

$25 = 4 \cdot 8 - \square$

$46 = 5 \cdot 8 + \square$

$93 = 11 \cdot 8 + \square$

$16 = 3 \cdot 8 - \square$

$44 = 6 \cdot 8 - \square$

$54 = 7 \cdot 8 - \square$

$7 \cdot 8 + \square = 61$

$\square \cdot 8 + 3 = 51$

$9 \cdot 8 - \square = 68$

$8 \cdot \square - 6 = 58$

$4 \cdot 8 + \square = 39$

$\square \cdot 8 - 7 = 9$

$\square \cdot 8 - 6 = 90$

$\square \cdot 8 - 7 = 81$

$\square = 2 \cdot 8 + 26$

$\square = 4 \cdot 8 + 13$

$\square = 9 \cdot 8 - 15$

$\square = 3 \cdot 8 - 9$

$\square = 6 \cdot 8 + 14$

$\square = 7 \cdot 8 + 5$

$\square = 5 \cdot 8 - 15$

$\square = 12 \cdot 8 - 8$

a) Wieviel ist das 3fache von 8?

b) Zähle zum 7fachen von 8 noch 7 dazu.

c) Ziehe vom 9fachen von 8 die Zahl 4 ab.

d) Zähle zum 4fachen von 8 das 2fache von 8 dazu.

e) Ziehe vom 11fachen von 8 das 6fache von 8 ab.

f) Die gesuchte Zahl ist um 9 größer als das 7fache von 8.

Verlagsnummer **2 670.55** - I/V - Wolf-Handbuch „Spielend zum Einmaleins" – Arbeitshilfe 15 (Ausschneidebogen)

Wolf Verlag · Postfach 110641, Haidplatz 2, 8400 Regensburg

	Spinnennetz	

Im Spinnennetz findest du alle Lösungen.
Streiche nach jeder Aufgabe die Lösungen in einem Feld durch.
Trage den Lösungsbuchstaben im Lösungsfeld auf dem Arbeitsblatt „Im Märchenwald" ein.

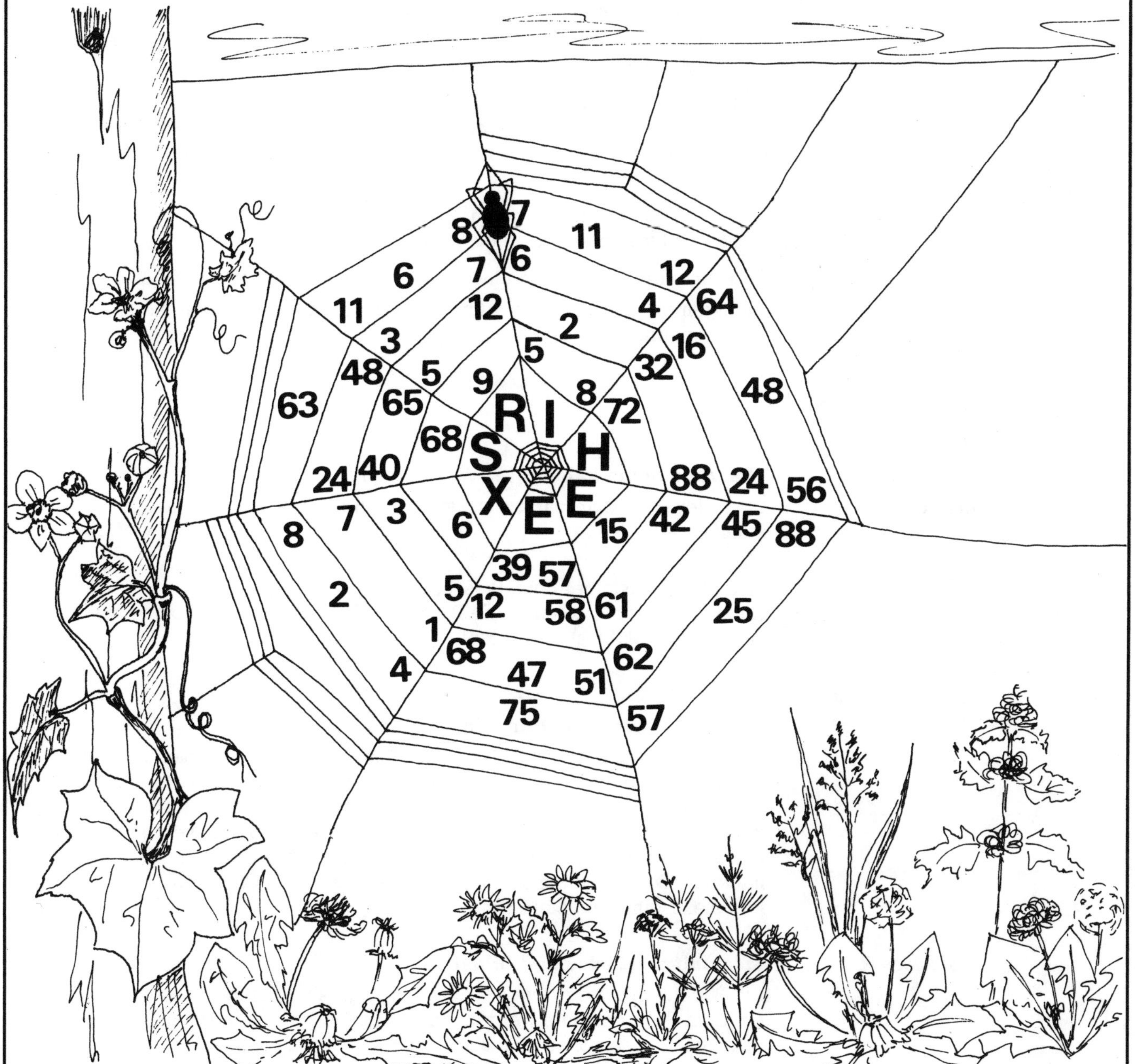

Wie heißt dein Lösungswort?
Es ist eine Märchenfigur.

Wolf Verlag · Postfach 110641, Haidplatz 2, 8400 Regensburg

Verwandtschaft der Einmaleinsreihen mit 2, 4 und 8

Übung

LT 3, S. 32

Verworrene Linien (Konzentrationsspiel)

Zielstellung Festigung der 2er-, 4er- und 8er-Reihe durch eine optische Hilfe

Hinweis Das Spiel fördert nicht nur die Konzentrationsfähigkeit, sondern es trägt auch zur Festigung der Verwandtschaft der Einmaleinsreihen bei. Es wird dabei deutlich, welche Zahlen in mehreren Reihen vorkommen. Diese Übung kann mit dem Lehrtransparent im Klassenverband durchgeführt oder als Stillbeschäftigung mit dem Arbeitsblatt angeboten werden.

Anweisung für die Schüler:
Fahre mit dem Finger die gewünschte Einmaleinsreihe vom Start bis zum Ziel nach! Immer, wenn du auf einen schwarzen Punkt triffst, sage laut die folgende Einmaleinszahl.

Achtung! Wenn du falsch gefahren bist, rutsche zur letzten richtigen Zahl zurück und wähle einen neuen Weg!

Du kannst die Einmaleinsreihen auch rückwärts fahren!
Gelingen dir die Aufgaben auch, wenn du nur mit den Augen die Schlangenlinien verfolgst?

Integrierende Wiederholung

AH 17, S. 33

Wie viele Beine haben ... ? (Würfelspiel)

Zielstellung Üben der Einmaleinssätze der 2er-, 4er- und 8er-Reihe in variablen Spielformen

Material Spielplan; Bildsteine: Ente, Frosch, Spinne; Würfel; Chips;
Herstellung der Bildsteine: Die Bilder von Ente, Frosch und Spinne werden z. B. auf je einen Mühlestein geklebt.

Spielvorschläge

Vorschlag 1

Spiel mit einem Bildstein (z. B. Frosch)

Die Schüler legen in der Gruppe zunächst die Anzahl der Spielrunden fest, beispielsweise 5 Runden. Nach der gewürfelten Augenzahl setzen die einzelnen Spieler den gleichen Spielstein im Uhrzeigersinn immer weiter. An jeder Haltestelle muß der richtige Einmaleinssatz genannt werden. Kommt z. B. ein Schüler mit dem Frosch-Stein auf Feld 6 zu stehen, spricht er: „6 Frösche haben 24 Beine." Stimmt der Satz, darf er sich einen Chip nehmen. Der nächste Mitspieler führt den Stein weiter usw.

Vorschlag 2

Spiel mit zwei oder drei Bildsteinen

Die Bildsteine werden wie oben im Uhrzeigersinn geführt, jedoch muß immer mit dem Stein gezogen werden, der sich an letzter Stelle befindet. Die Spielsteine „überholen" sich also dauernd während des Spiels. Damit ist gewährleistet, daß alle drei Einmaleinsreihen in wechselnder Folge geübt werden. Sieger ist, wer zuerst die vorher festgesetzte Anzahl von Chips erzielt.

AH 18/19, S. 34/35

Inselreise (Spiel)

Zielstellung Intensives Üben des 2er-, 4er- und 8er-Einmaleins

Material Spielplan „Inselreise" (AH 18), Spielstein, Chips, Sammelliste „Inselreise – (Punktesammeln)" (AH 19)

Spielvorschlag

Jeder Schüler einer Gruppe oder Partnergruppe versucht, mit 12 Fahrten möglichst viele Punkte zu sammeln. Den Fahrten mit 2 Punkten liegt das operatorische Prinzip zugrunde. Außerdem steuern die Schüler meist die Inseln an, auf denen sie mehrere Punkte einheimsen können, d. h. sie müssen dann auch mehrere Aufgaben lösen. Bei wiederholtem Spiel überlegen sich die Schüler natürlich eine strategisch günstige Fahrroute.

Der Schüler setzt seinen Spielstein auf eine beliebige Insel. Nun wählt er seine erste Fahrt zu einer anderen Insel. Je nach Wahl erhält er dafür einen oder zwei Punkte und notiert jetzt, wie er gefahren ist und wie viele Punkte er erhält. In unserem Beispiel fuhr er von Insel 24 zur Insel 48. Er darf sich also zwei Punkte in die obere Hälfte des Punktekästchens auf der Sammelliste notieren. Auf der Zielinsel legt er einen Chip ab, löst alle angegebenen Aufgaben und erhält dafür wieder Punkte gutgeschrieben. In unserem Beispiel findet er auf der Insel 48 die Aufgaben $8 \cdot ? = 48$ und $4 \cdot ? = 48$. Beide Aufgaben löst er nun in der Spalte „Rechnungen". Sind sie richtig, bekommt er die im Kreis auf der Fahne angegebenen Punkte. Sie stimmen immer mit der Anzahl der Aufgaben überein. Hat er eine oder mehrere Aufgaben nicht richtig gelöst, so erhält er für jede dieser Lösungen keinen Punkt. In unserem Beispiel sind beide richtig eingetragen. Also schreibt sich der Schüler zwei Punkte im unteren Kästchen der Punktespalte gut. Jetzt fährt er zur nächsten beliebigen Insel usw.
Gelangt der Schüler im Laufe des Spiels auf eine Insel, die er bereits mit einem Chip belegt hat, darf er sich zwar Fahrtpunkte, jedoch keinen Rechenpunkt gutschreiben.

Beispiel:

Fahrt	Route	Rechnungen		Punkte
1	von (24) nach (48)	$8 \cdot 6 = 48$ $4 \cdot 12 = 48$	→	2 2
2	von (48) nach ( )		→	

Hinweis

Das Spiel kann auch in Einzelarbeit durchgeführt werden. In diesem Fall werden die Punkte für die Rechnungen erst nach Partnerkontrolle (oder Lehrerkontrolle) gutgeschrieben.

Verworrene Linien

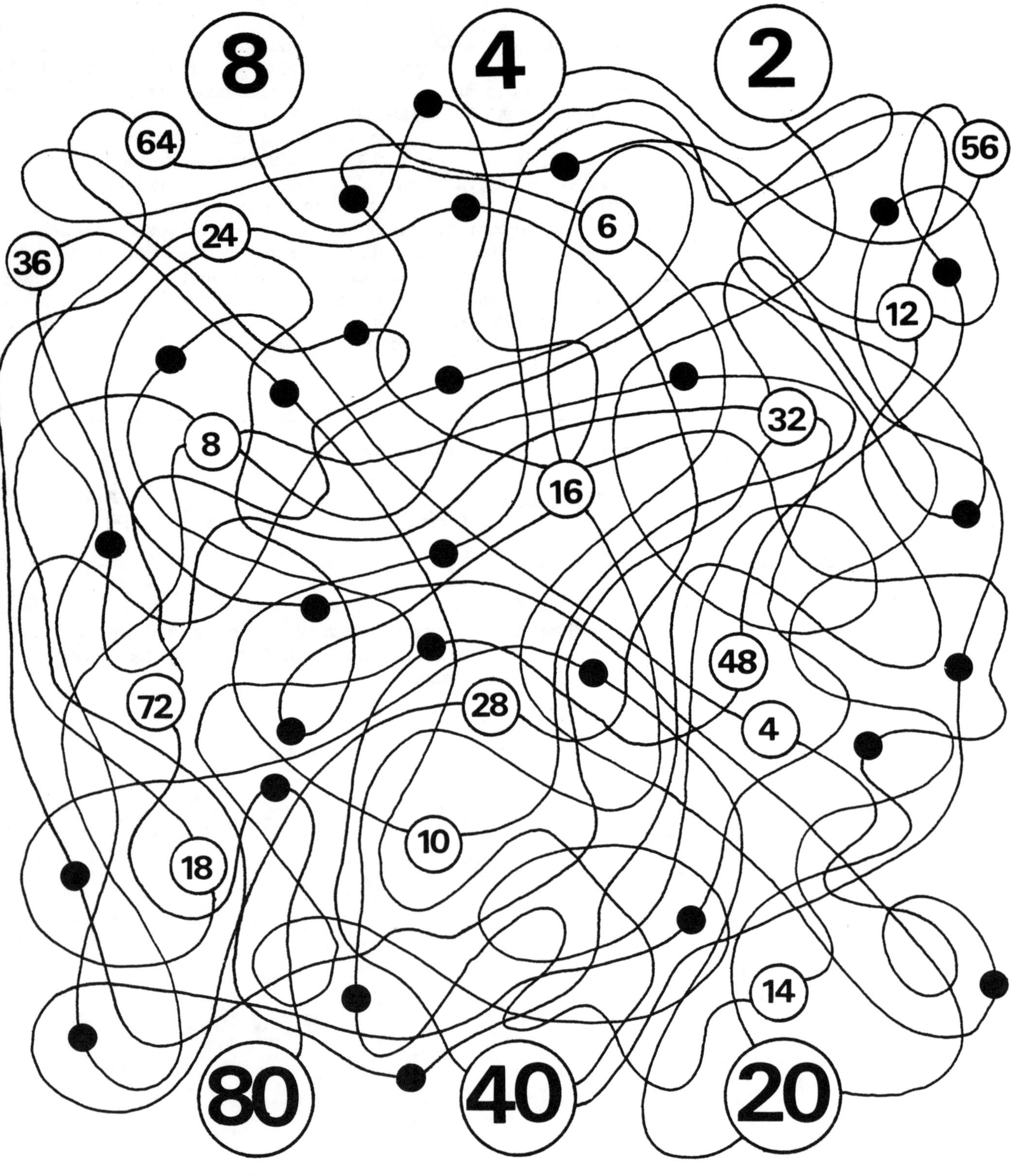

Wolf Verlag · Postfach 11 06 41, Haidplatz 2, 8400 Regensburg

Wie viele Beine haben ...?

Wolf Verlag · Postfach 110641, Haidplatz 2, 8400 Regensburg

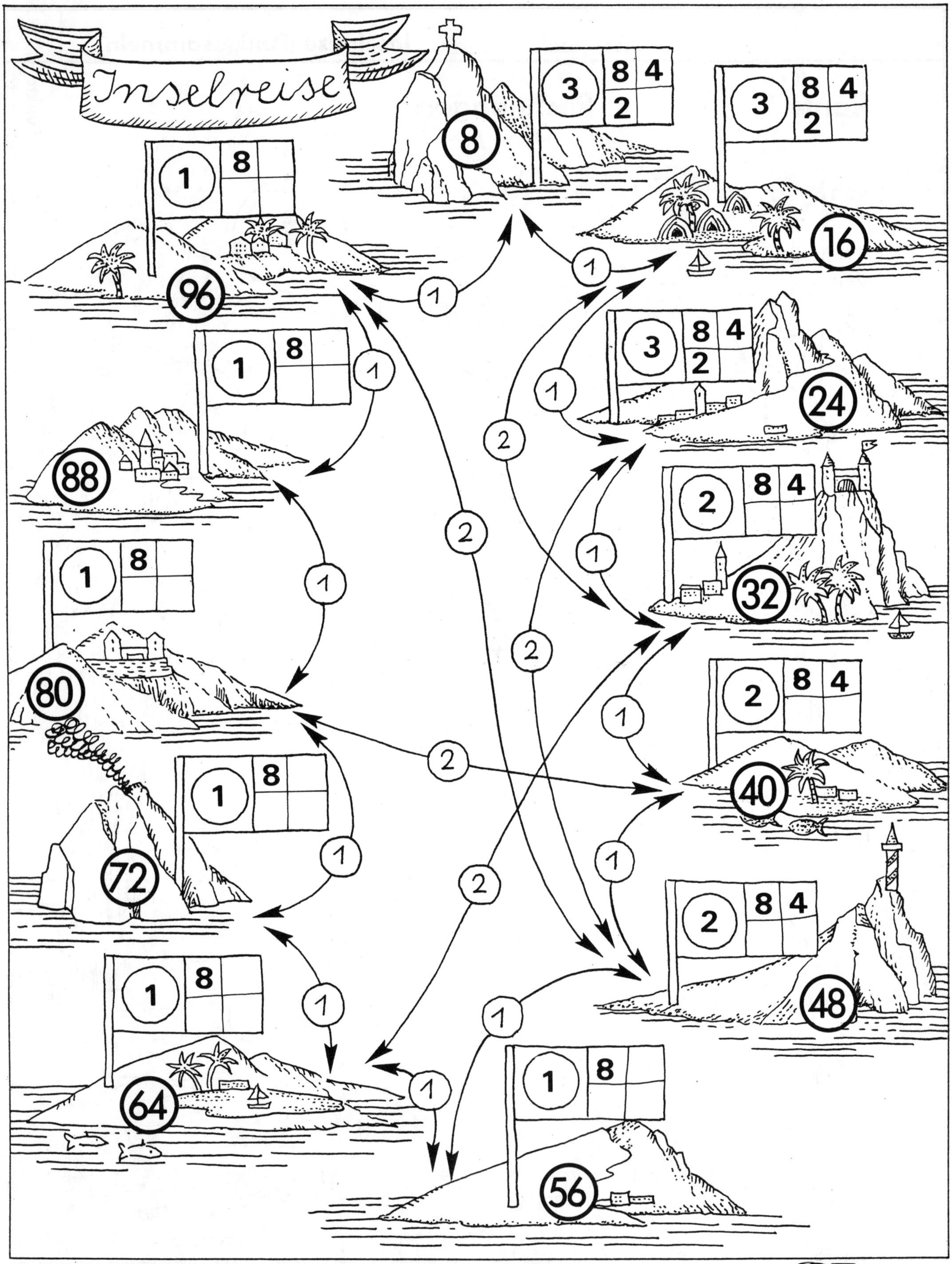

Wolf Verlag · Postfach 110641, Haidplatz 2, 8400 Regensburg

____________________ **Inselreise (Punktesammeln)**

Fahrt	Route	Rechnungen		Punkte
1	von ○ nach ○		→	....
2	von ○ nach ○		→	....
3	von ○ nach ○		→	....
4	von ○ nach ○		→	....
5	von ○ nach ○		→	....
6	von ○ nach ○		→	....
7	von ○ nach ○		→	....
8	von ○ nach ○		→	....
9	von ○ nach ○		→	....
10	von ○ nach ○		→	....
11	von ○ nach ○		→	....
12	von ○ nach ○		→	....
			Punkte insgesamt:	

Verlagsnummer **2 670.55** - 1/V - Wolf-Handbuch „Spielend zum Einmaleins" – Arbeitshilfe 19

Wolf Verlag · Postfach 110641, Haidplatz 2, 8400 Regensburg

Einmaleins mit 5 und mit 10

Übung

AH 20, S. 38

Fritzchen sucht Ostereier

Zielstellung Sichern und Üben der Einmaleinssätze mit 5 und 10

Hinweis Den ersten Suchgang führen wir gemeinsam in der Klasse durch; damit werden die Arbeitshinweise praktisch nachvollzogen.

Spielvorschlag Die Schüler schreiben an Fritzchens Korb die Ziffern des Einmaleins, das sie üben wollen, z. B. 5 (= das 5er-Einmaleins). Jedes der 12 Eier wird mit einer beliebigen Zahl von 1 bis 12 belegt. Jede Zahl darf nur einmal vorkommen. Nun beginnt die Eiersuche. Sobald der Schüler ein Ei findet, malt er es mit einer beliebigen Farbe aus, ebenso ein Nestchen im unteren Bereich der Arbeitshilfe. Ei und Nest passen nun zusammen. Beim nächsten Ei verwendet der Schüler natürlich eine andere Farbe. Er vergißt auch nicht, ein zweites Nest mit derselben Farbe zu kennzeichnen usw. Sind alle 12 Eier gefunden, belegt der Schüler jedes der bunten Nester mit der passenden Zahl.

Beispiel:

Hat ein Ei die Nummer 5 und die Farbe grün, so trägt das grüne Nest die Zahl 25, denn $5 \cdot 5 = 25$.

Hinweis Soll die Arbeitshilfe häufiger verwendet werden, legt man eine Folie darüber und arbeitet mit wasserlöslichen Folienstiften.

Diese Arbeitshilfe kann für alle Einmaleinsreihen eingesetzt werden.

AH 21, S. 39

So viele Tage ist das Häschen alt

Zielstellung Vielfältiges Sichern und Üben der Einmaleinssätze mit 10

Spielvorschläge

Vorschlag 1 **Wir bestimmen das Alter des Häschens**

Der Lehrer gibt das Alter des Häschens vor, z. B. 370 Tage.

Wir beginnen den Irrgartenweg bei der rechten Vorderpfote des Häschens. Kommt der Schüler an einem Buchstaben vorbei, löst er die entsprechende Aufgabe (siehe Kasten!) und notiert das Ergebnis auf dem Block. Das Ergebnis der nächsten Aufgabe zählt er zum ersten dazu usw. Die Wege dürfen beliebig oft gegangen werden. Schließlich hat der Schüler die Summe von 370 Tagen zusammengebracht. Nun stellt der Lehrer eine neue Aufgabe.

Vorschlag 2 **Wie alt sind diese Tiere?**

Wir finden zu den Buchstaben der Tiere von AH 21 die Aufgaben. Die Addition ergibt das Alter.

Beispiel für die Notation:

A	$1 \cdot 10 =$	10
D	$4 \cdot 10 =$	40
L	$7 \cdot 10 =$	70
E	$8 \cdot 10 =$	80
R	$3 \cdot 10 =$	30
		230

Hinweis Hier lassen sich außer den Vorgaben noch viele Tiere finden.

AH 22, S. 40

Hundertertafeln

Zielstellung

Einprägen der Einmaleinszahlen verwandter Reihen

Spielvorschläge

Vorschlag 1

Wir benützen gleichzeitig beide Hundertertafeln

Die Schüler malen in der ersten Hundertertafel alle Zahlen des 5er-Einmaleins, in der zweiten Hundertertafel alle Zahlen des 10er-Einmaleins mit jeweils einer anderen Farbe aus. Das Verwandtschaftsverhältnis beider Reihen wird damit optisch verdeutlicht.

Hinweis

Dieses Arbeitsblatt kann für alle verwandten Einmaleinsreihen eingesetzt werden.

Vorschlag 2

Wir benützen nur eine Hundertertafel

Die Schüler malen z. B. die Zahlen der 5er-Reihe gelb, die der 10er-Reihe orange aus. Zahlen, die beiden Reihen zugeordnet werden müssen, wie z. B. die Zahlen 10, 20 usw., erscheinen dann farbig kräftiger.

Hinweis

Soll das Verwandtschaftsverhältnis von drei Einmaleinsreihen (z. B. 2er-, 4er-und 8er-Reihe) verdeutlicht werden, entscheidet man sich am günstigsten für verschiedenfarbige Kringel.

Fritzchen sucht Ostereier

Suche mit Fritzchen bunte Ostereier.

1. Trage oben ins Körbchen ein, welches 1 x 1 du üben willst.
2. Schreibe in jedes Ei eine Zahl von 1 bis 12.
3. Suche die Eier. Immer, wenn du eines findest, malst du es mit einer neuen Farbe aus. Mit der gleichen Farbe malst du auch ein Nest aus.
4. Schreibe jetzt zu jedem Ei in das Nest die richtige Lösung der 1 x 1-Aufgabe.

Verlagsnummer **2 670.55** - I/V - Wolf-Handbuch „Spielend zum Einmaleins" – Arbeitshilfe 20

Wolf Verlag · Postfach 11 06 41, Haidplatz 2, 8400 Regensburg

So viele Tage ist das Häschen alt

A →	1 · 10
B →	3 · 10
C →	2 · 10
D →	4 · 10
E →	8 · 10
F →	9 · 10
H →	5 · 10
K →	10 · 10
L →	7 · 10
N →	4 · 10
R →	3 · 10
S →	7 · 10
T →	8 · 10
U →	6 · 10

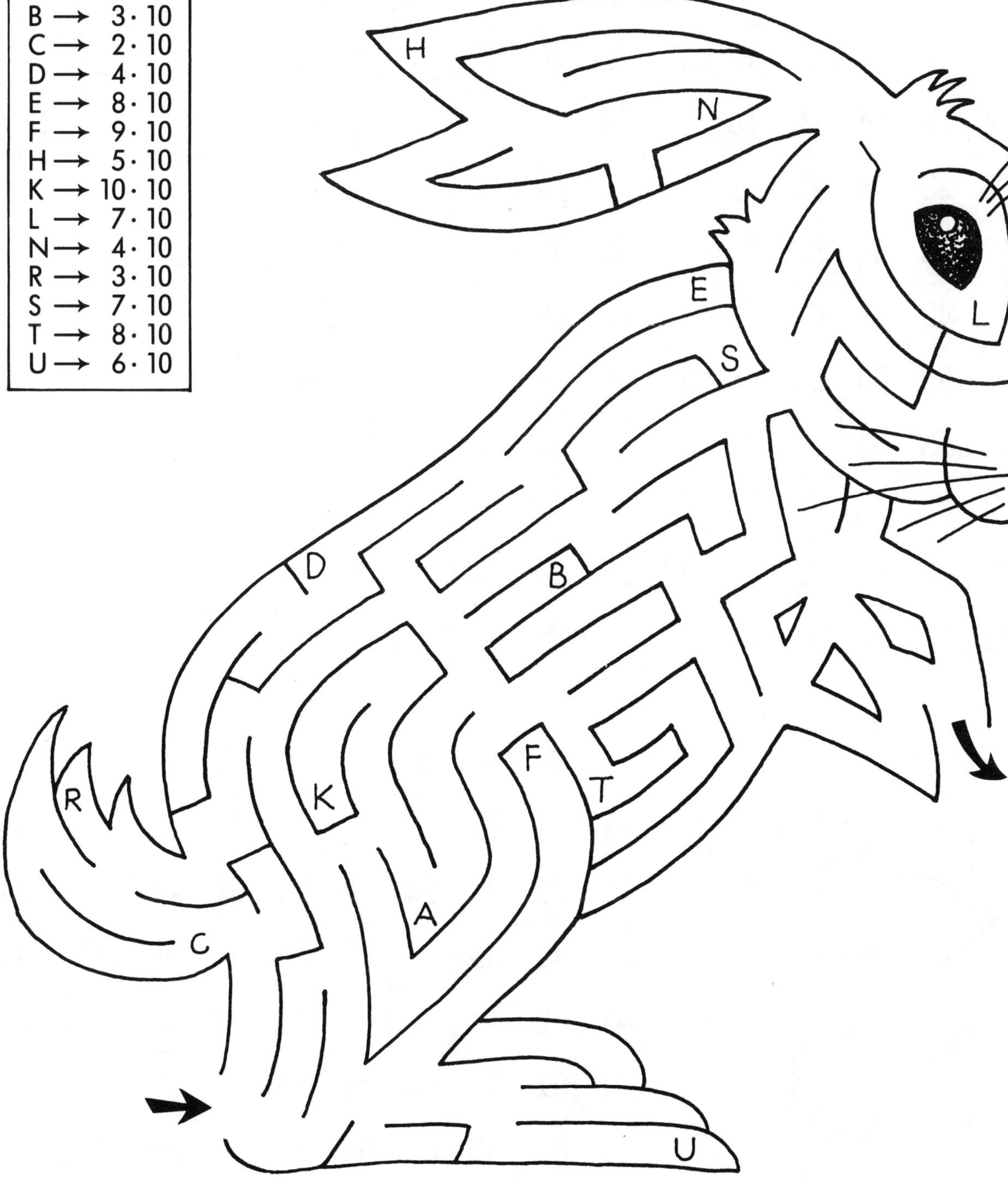

Wie alt sind diese Tiere?

Adler ☐ Dachs ☐ Hund ☐ Luchs ☐

Wolf Verlag · Postfach 11 06 41, Haidplatz 2, 8400 Regensburg

Hundertertafeln

1	2	3	4	5	6	7	8	9	10
11	12	13	14	15	16	17	18	19	20
21	22	23	24	25	26	27	28	29	30
31	32	33	34	35	36	37	38	39	40
41	42	43	44	45	46	47	48	49	50
51	52	53	54	55	56	57	58	59	60
61	62	63	64	65	66	67	68	69	70
71	72	73	74	75	76	77	78	79	80
81	82	83	84	85	86	87	88	89	90
91	92	93	94	95	96	97	98	99	100

1	2	3	4	5	6	7	8	9	10
11	12	13	14	15	16	17	18	19	20
21	22	23	24	25	26	27	28	29	30
31	32	33	34	35	36	37	38	39	40
41	42	43	44	45	46	47	48	49	50
51	52	53	54	55	56	57	58	59	60
61	62	63	64	65	66	67	68	69	70
71	72	73	74	75	76	77	78	79	80
81	82	83	84	85	86	87	88	89	90
91	92	93	94	95	96	97	98	99	100

Verlagsnummer **2 670.55** - I/V - Wolf-Handbuch „Spielend zum Einmaleins" – Arbeitshilfe 22

Wolf Verlag · Postfach 110641, Haidplatz 2, 8400 Regensburg

Einmaleins mit 3

Erarbeitung

Hinweis

10 Dreieckshüte (aus Karton oder Papier gebastelt); Dreieckspyramide: Seitenlänge und Höhe je nach Kopfgröße des Lehrers etwa 25 cm bis 27 cm

Entwicklung der 3er-Reihe anhand der Hüte:

1 Hut hat 3 Ecken,
2 Hüte haben 6 Ecken,
...
4 Hüte haben 12 Ecken,
...
8 Hüte haben 24 Ecken,
...

AH 23, S. 43

Mein Hut, der hat 3 Ecken (Spiellied)

Zielstellung

Durch fortwährendes Wiederholen bewußt machen, welche Zahlen zur 3er-Reihe gehören
Beziehungen zwischen Malaufgabe und Ergebnis herstellen

Hinweis

Im Klassenverband wird gesungen und geklatscht.

Spielvorschläge

Vorschlag 1

Wir singen gemeinsam

Jede „Ecke" wird geklatscht, aber nur jede 3er-Zahl gesprochen.

Beispiel Strophe 4: 3 6 9 12
Vier Hüte haben xxx xxx xxx xxx Ecken, 12 Ecken haben.....

Vorschlag 2

Ruf-Variante

Zehn Schüler bekommen je eine Dreierzahl zugewiesen. Während die Klasse singt, rufen die entsprechenden Schüler bei ihrer Strophe die 3er-Zahl laut in die Klasse.

Beispiel Strophe 5:

Fünf Hüte haben (Ruf: 15) Ecken, (Ruf: 15) Ecken haben ...

Übung

AH 24, S. 44

Welche Maus erreicht zuerst den Käse? (Würfelspiel)

Zielstellung

Vertiefen der Zahlen des 3er-Einmaleins in auf- und absteigender Reihe
Schließen vom Ergebnis auf die Malaufgabe

Spielvorschläge

Vorschlag 1

Klassenspiel Mädchen gegen Buben

Ein Mädchen (Junge) beginnt. Es (er) würfelt und zieht mit seiner Maus entsprechend viele Felder vorwärts....

Bei den großen Feldern der Dreierzahlen ist folgendes zu beachten: Kommt ein Spieler auf einem solchen Feld zu stehen, sagt er die Dreierreihe vorwärts auf, wenn sein letzter Wurf die Augenzahl eins, zwei oder drei hatte. Zeigt der Würfel jedoch vier, fünf oder sechs Augen, wird die Dreierreihe rückwärts aufgesagt. Gelingt dies nicht, muß die Maus ins Loch zurück, also neu beginnen. Auf jedem großen Feld der 3er-Reihe muß auch die Malaufgabe genannt werden.

Material

Für das Klassenspiel wird der Spielplan als Lehrtransparent hergestellt oder auf die Wandtafel übertragen. Wir würfeln mit einem großen Schaumstoffwürfel und verwenden Mäuse aus Karton. Das Spiel bildet den Schwerpunkt einer Mathematikstunde und sollte öfters wiederholt werden.

Vorschlag 2 **Spiel mit dem Partner oder in Gruppen**

Vorschlag 3 **Spiel für Zuhause** (Schüler gegen Mutter/Vater)

Material Für die Partner- oder Gruppenspiele wird die Arbeitshilfe 24, S. 44 als Spielplan kopiert und auf Karton geklebt. Jeder Spieler benutzt als Spielfigur eine Maus (vgl. AH 24 oben). Zusätzlich wird ein Würfel benötigt.

Anwendung

AH 25/26, S. 45/46

Was sieht Frieder? Was sieht Ulrike?

Zielstellung Errechnen von Aufgaben des 3er-Einmaleins auch in erweiterter Form
Sichern der Geteiltaufgaben

Lösung Gans bzw. Kätzchen

Hinweis Die vorgegebenen Lösungen im Punkte-Zahlen-Feld ermöglichen eine motivierende Selbstkontrolle. Es empfiehlt sich, die Arbeitsanweisungen auf der Arbeitshilfe gemeinsam zu lesen und diese von einigen Schülern wiederholen zu lassen.

3er-Hüpfen im Schulhof - ein Spiel nicht nur für die Pause (Hüpfspiel)

Zielstellung Einschleifen der 3er-Zahlen
Schließen vom Ergebnis auf die Malaufgabe

Material Im Pausenhof wird mit Kreide eine Hüpfstrecke gezeichnet:
Großer Startkreis und Felder der 3er-Zahlen ca. 40 cm; mittlere sonstige Zahlenkreise ca. 30 cm; kleine Ausweichkreise ca. 20 cm

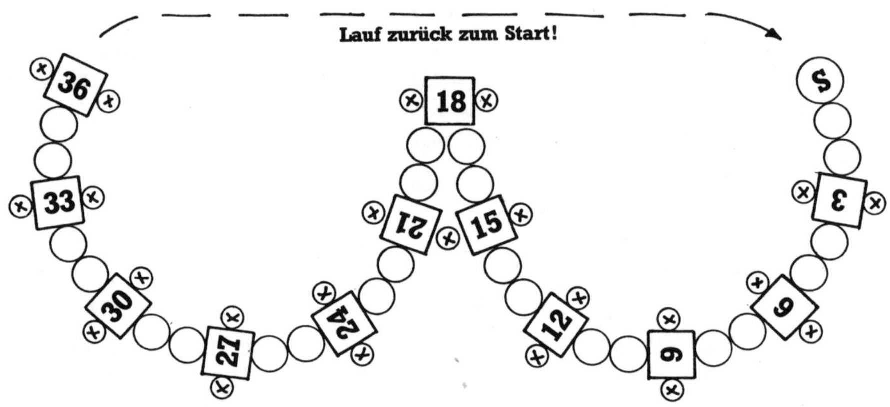

Spielvorschläge

Vorschlag 1 **3er-Zahlen auslassen!**

Start – 1 – 2 – x – 4 – 5 – x – 7 – 8 – usw. Natürlich müssen die 3er-Zahlen laut aufgerufen werden.
Achtung! Bei 18 muß noch ein zusätzlicher Hüpfer mit halber Drehung ausgeführt werden.

Vorschlag 2 **3er-Reihe hüpfen!**

Start – – 3 – – 6 – – 9 – – usw. Jetzt müssen die Schüler weit hüpfen.
Achtung! Beim Sprung ins Feld 18 drehen sich die Schüler in der Luft schon nach links, damit das Hüpfen ins Feld 21 besser klappt.

Vorschlag 3 **Prüfhüpfen** – (ein Partnerspiel)

Schüler 1 hüpft, Schüler 2 ruft bei einer beliebigen 3er-Zahl: „Stop!" Schüler 1 nennt die Malaufgabe zur passenden 3er-Zahl und hüpft dann weiter. Bei jedem Durchgang wird dreimal geprüft, dann gewechselt.

Mein Hut, der hat 3 Ecken

Hier entsprechend oft klatschen und sprechen!

1. Ein Hut, der hat 3 .... Ek – ken,
2. Zwei Hü – te ha – ben 3, 6 .... Ek – ken,
3. Drei Hü – te ha – ben 3, 6, 9 .... Ek – ken,
4. Vier Hü – te ha – ben 3, 6, 9, 12 .... Ek – ken,
5. Fünf Hü – te ha – ben 3, 6, 9, 12, 15 .... Ek – ken,
6. Sechs Hü – te ha – ben 3, 6, 9, 12, 15, 18 .... Ek – ken,
7. Sie – ben Hü – te ha – ben 3, 6, 9, 12, 15, 18, 21 .... Ek – ken,
8. Acht Hü – te ha – ben 3, 6, 9, 12, 15, 18, 21, 24 .... Ek – ken,
9. Neun Hü – te ha – ben 3, 6, 9, 12, 15, 18, 21, 24, 27 .... Ek – ken,
10. Zehn Hü – te ha – ben 3, 6, 9, 12, 15, 18, 21, 24, 27, 30 Ek – ken,

1. 3 Ek – ken hat ein Hut, Und hätt' er nicht 3 Ek – ken, so wär es nicht ein Hut,
2. 6 Ek – ken ha – ben zwei Hüt'. Und hät – ten sie nicht 6 Ek – ken, so wä – ren es nicht zwei Hüt'.
3. 9 Ek – ken ha – ben drei Hüt'. Und hät – ten sie nicht 9 Ek – ken, so wä – ren es nicht drei Hüt'.
4. 12 Ek – ken ha – ben vier Hüt'. Und hät – ten sie nicht 12 Ek – ken, so wä – ren es nicht vier Hüt'.
5. 15 Ek – ken ha – ben fünf Hüt'. Und hät – ten sie nicht 15 Ek – ken, so wä – ren es nicht fünf Hüt'.
6. 18 Ek – ken ha – ben sechs Hüt'. Und hät – ten sie nicht 18 Ek – ken, so wä – ren es nicht sechs Hüt'.
7. 21 Ek – ken ha – ben sie–ben Hüt'. Und hät – ten sie nicht 21 Ek – ken, so wä – ren es nicht sie–ben Hüt'.
8. 24 Ek – ken ha – ben acht Hüt'. Und hät – ten sie nicht 24 Ek – ken, so wä – ren es nicht acht Hüt'.
9. 27 Ek – ken ha – ben neun Hüt'. Und hät – ten sie nicht 27 Ek – ken, so wä – ren es nicht neun Hüt'.
10. 30 Ek – ken ha – ben zehn Hüt'. Und hät – ten sie nicht 30 Ek – ken, so wä – ren es nicht zehn Hüt'.

Text: Helmut Wilimsky Melodie: volkstümlich

Wolf Verlag · Postfach 110641, Haidplatz 2, 8400 Regensburg

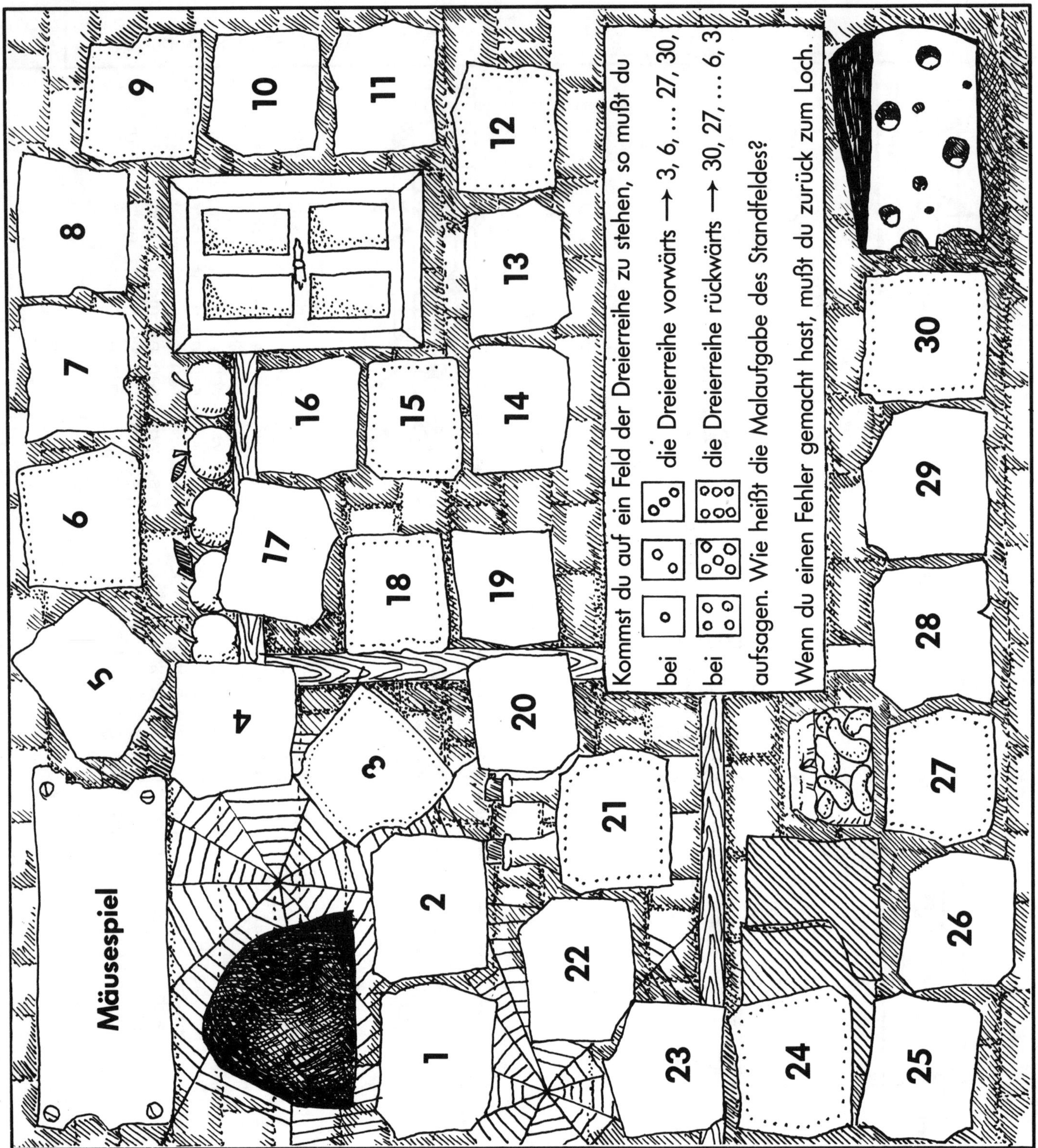

Mäuse ausschneiden und auf Pappe kleben.

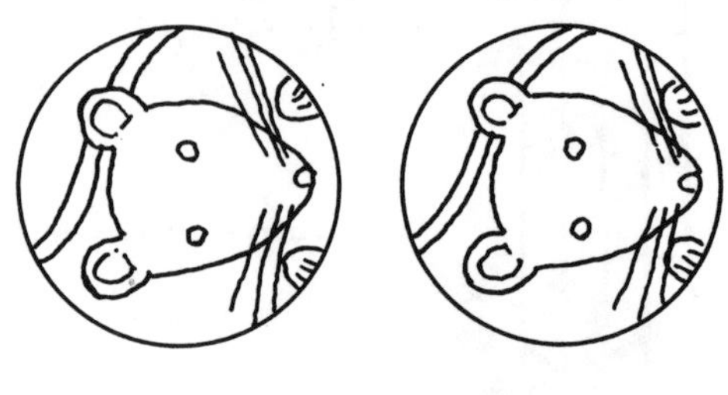

Wolf Verlag · Postfach 11 06 41, Haidplatz 2, 8400 Regensburg

Was sieht Frieder?

„Ja, was geht denn da?“ fragt Frieder und guckt über den Zaun. Du kannst es erfahren, wenn du die Rechnungen auf den Zaunlatten löst.

1. Löse die linke Spalte ganz, dann die nächste.
2. Verbinde die Punkte in der Reihenfolge der Ergebnisse. Also von Punkt 5 zu Punkt 13 usw.

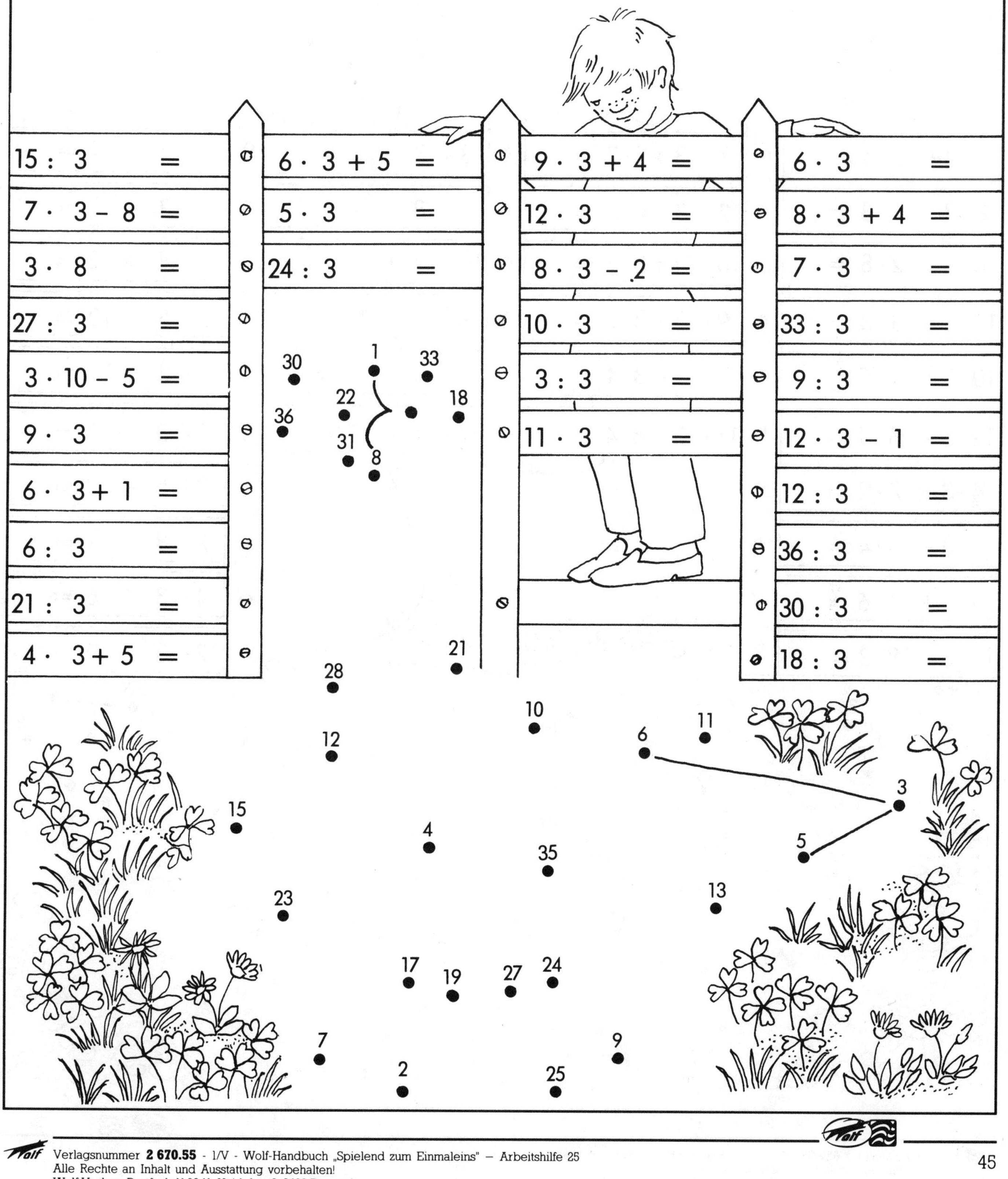

15 : 3 =	6 · 3 + 5 =	9 · 3 + 4 =	6 · 3 =
7 · 3 − 8 =	5 · 3 =	12 · 3 =	8 · 3 + 4 =
3 · 8 =	24 : 3 =	8 · 3 − 2 =	7 · 3 =
27 : 3 =		10 · 3 =	33 : 3 =
3 · 10 − 5 =		3 : 3 =	9 : 3 =
9 · 3 =		11 · 3 =	12 · 3 − 1 =
6 · 3 + 1 =			12 : 3 =
6 : 3 =			36 : 3 =
21 : 3 =			30 : 3 =
4 · 3 + 5 =			18 : 3 =

Verlagsnummer **2 670.55** · I/V · Wolf-Handbuch „Spielend zum Einmaleins“ – Arbeitshilfe 25

Wolf Verlag · Postfach 110641, Haidplatz 2, 8400 Regensburg

Was sieht Ulrike?

„Ja, was geht denn da?" fragt Ulrike und guckt über den Zaun. Du kannst es erfahren, wenn du die Rechnungen auf den Zaunlatten löst.

1. Löse die linke Spalte ganz, dann die nächste.
2. Verbinde die Punkte in der Reihenfolge der Ergebnisse. Also Punkt 35 mit Punkt 15, usw.

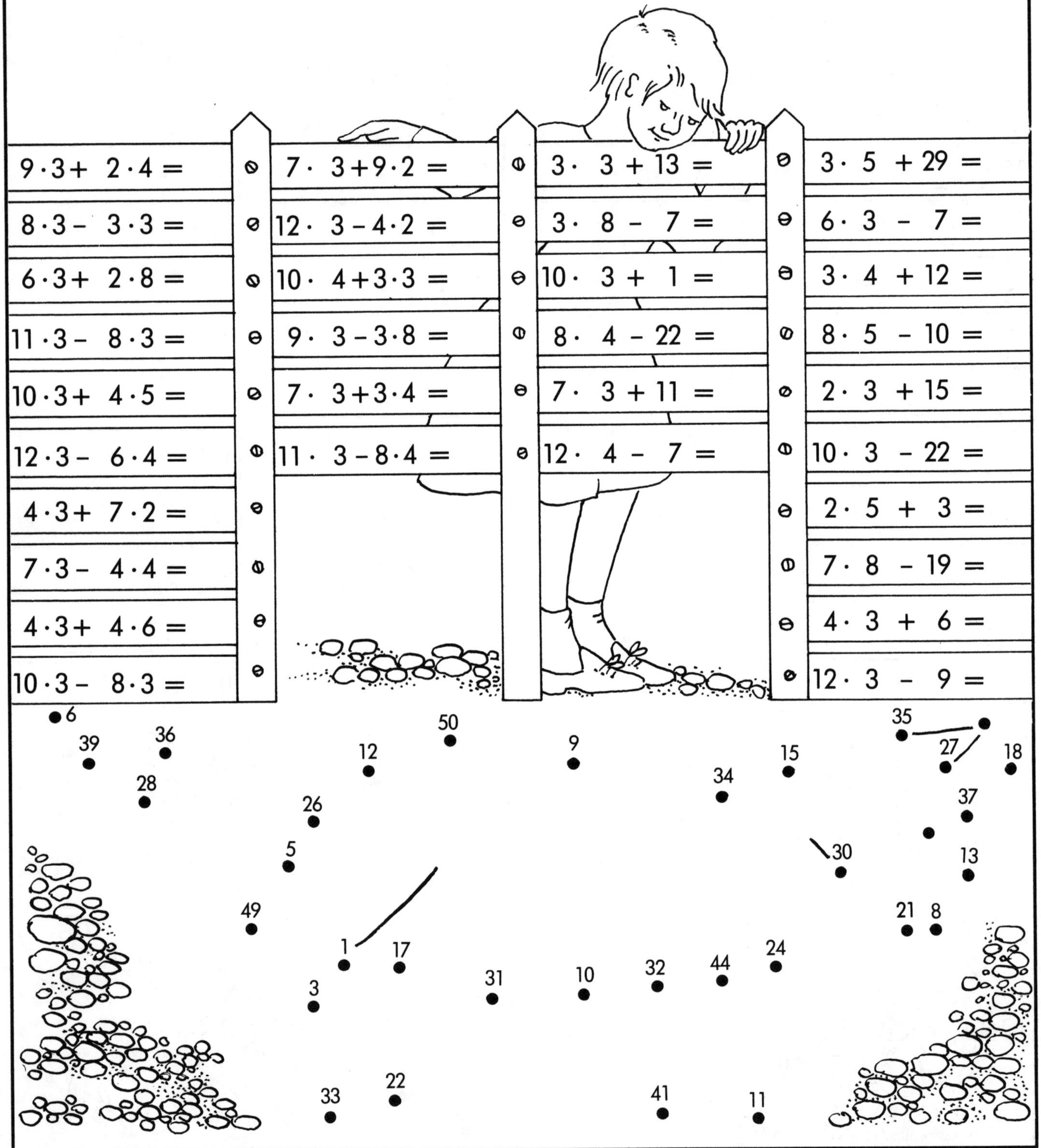

$9 \cdot 3 + 2 \cdot 4 =$	$7 \cdot 3 + 9 \cdot 2 =$	$3 \cdot 3 + 13 =$	$3 \cdot 5 + 29 =$
$8 \cdot 3 - 3 \cdot 3 =$	$12 \cdot 3 - 4 \cdot 2 =$	$3 \cdot 8 - 7 =$	$6 \cdot 3 - 7 =$
$6 \cdot 3 + 2 \cdot 8 =$	$10 \cdot 4 + 3 \cdot 3 =$	$10 \cdot 3 + 1 =$	$3 \cdot 4 + 12 =$
$11 \cdot 3 - 8 \cdot 3 =$	$9 \cdot 3 - 3 \cdot 8 =$	$8 \cdot 4 - 22 =$	$8 \cdot 5 - 10 =$
$10 \cdot 3 + 4 \cdot 5 =$	$7 \cdot 3 + 3 \cdot 4 =$	$7 \cdot 3 + 11 =$	$2 \cdot 3 + 15 =$
$12 \cdot 3 - 6 \cdot 4 =$	$11 \cdot 3 - 8 \cdot 4 =$	$12 \cdot 4 - 7 =$	$10 \cdot 3 - 22 =$
$4 \cdot 3 + 7 \cdot 2 =$			$2 \cdot 5 + 3 =$
$7 \cdot 3 - 4 \cdot 4 =$			$7 \cdot 8 - 19 =$
$4 \cdot 3 + 4 \cdot 6 =$			$4 \cdot 3 + 6 =$
$10 \cdot 3 - 8 \cdot 3 =$			$12 \cdot 3 - 9 =$

Verlagsnummer **2 670.55** - I/V - Wolf-Handbuch „Spielend zum Einmaleins" – Arbeitshilfe 26

Wolf Verlag · Postfach 11 06 41, Haidplatz 2, 8400 Regensburg

Einmaleins mit 6

Erarbeitung

AH 27, S. 49

Auf dem Rummelplatz

Zielstellung

Entwicklung der 6er-Reihe aus der Addition
Erkennen schneller Rechenwege durch Dazuzählen, Abziehen, Verdoppeln, Halbieren

Hinweis

6 Personen besuchen den Rummelplatz, beispielsweise eine Familie mit 4 Kindern, eine Kinder- oder Jugendgruppe. Die Personen betreten das Gelände entweder durch das Blätter- oder das Blumentor. Die Wege durch den Rummelplatz können beliebig gewählt werden. Bei den einzelnen Stationen ermitteln wir das Ergebnis der Malaufgabe über die Addition:

$2 + 2 + 2 + 2 + 2 + 2 = 12 = 6 \cdot 2$

$4 + 4 + 4 + 4 + 4 + 4 = 24 = 6 \cdot 4$ usw.

Der Operator gibt also jeweils die Anzahl der Würstchen, Luftballons, Schüsse, Chips usw. für jeden Rummelplatzbesucher an.

Durch Vertauschen der Faktoren erhalten wir die 6er-Reihe in der bekannten Form.

Diese Arbeitshilfe kann zur Erarbeitung aller Einmaleinsreihen verwendet werden.

Übung

AH 28, S. 50

Bienen sammeln Honig (Würfelspiel)

Zielstellung

Üben der Einmaleins-Sätze mit 6 in Spielform

Material

Spielplan, Spielfiguren, Würfel; Chips in verschiedenen Farben

Spielvorschlag

Jeder Spieler der Gruppe wählt sich eine Spielfigur und Chips der gleichen Farbe. Vom Start weg wird gewürfelt und gezogen. Zieht ein Schüler direkt auf ein Wabenfeld, nennt er Malaufgabe und Ergebnis und legt einen seiner Chips auf das entsprechende Feld. So werden nach und nach die Waben mit Honig gefüllt. Kommt ein Spieler auf einer bereits gefüllten Wabe zum Stehen, darf er seinen Chip darüberlegen, wenn er die vollständige 6er-Reihe vorwärts (bei den Waben 12, 24, 36, 48 und 60) oder rückwärts (bei den Waben 6, 18, 30, 42 und 54) aufsagen kann. Das Spiel ist zu Ende, wenn die letzte Wabe mit Honig gefüllt ist. Sieger ist, wer die meisten Chips ablegen konnte.

Anwendung

AH 29, S 51

Welche Blüten fliegt die Biene an?

Zielstellung

Sichern des 6er-Einmaleins in verschiedenen Aufgabenstellungen mit Leerstellen

Hinweis

Die Schüler errechnen die Leerstellen, suchen die Zahlen auf dem Kontrollbild und malen die einzelnen Felder mit der richtigen Farbe aus: Tulpen rot, Osterglocken gelb, Blätter grün.

Lösung

Tulpen und Osterglocken

6er-Hüpfen (Hüpfspiel)

Zielstellung

Üben des 6er-Einmaleins in Spielform

Material

Kreidezeichnung im Pausenhof:
Durchmesser der 6-Eck-Figuren etwa 80 cm
Es können jeweils zwei Schüler hüpfen, wobei sie beidbeinig abspringen und aufkommen.

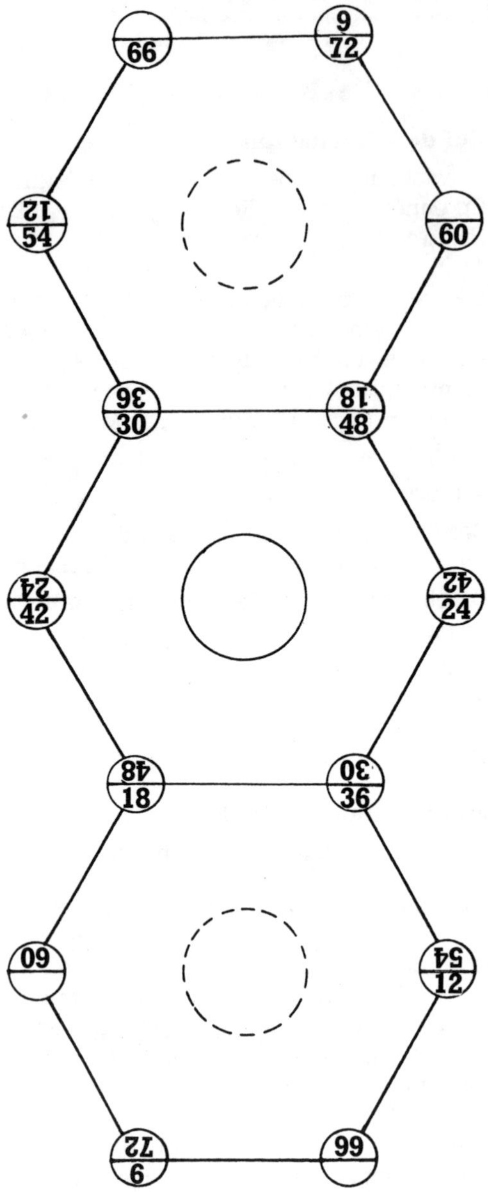

Spielvorschläge

Vorschlag 1

6er-Reihe hüpfen!

Start bei Feld ‚6', Ziel bei Feld ‚72'. Ein Ausweichkreis befindet sich in der mittleren 6-Eck-Figur. Es kann auch die 6er-Reihe rückwärts gehüpft werden.

Vorschlag 2

Wetthüpfen

Zwei Schüler starten auf ein Zeichen hin gleichzeitig. Wenn beide Kinder gleich schnell sind, können sie bei Feld ‚30/36' nicht weiterhüpfen. Hier muß wieder der Ausweichkreis benützt werden. Sieger ist, wer zuerst ins Zielfeld hüpft. Es kann auch wieder die 6er-Reihe rückwärts gehüpft werden.

Vorschlag 3

Punktehüpfen

Zwei Schüler stellen sich in den Ausweichkreis, der nun als Startplatz dient. Ein weiterer Schüler leitet das Spiel und ist gleichzeitig Schiedsrichter. Er nennt eine Malaufgabe aus dem 6er-Einmaleins. Die Gegenspieler versuchen nun schnellstens ein Zielfeld mit dem richtigen Ergebnis zu erhüpfen. Der Schüler, dem dies zuerst gelingt, erhält einen Punkt. Nun stellen sich beide Kandidaten wieder in den Startkreis, eine neue Aufgabe wird genannt usw. Bei weiten Sprüngen ist es erlaubt, die beiden weiteren äußeren Kreise als Zwischenhüpfstationen zu benützen.

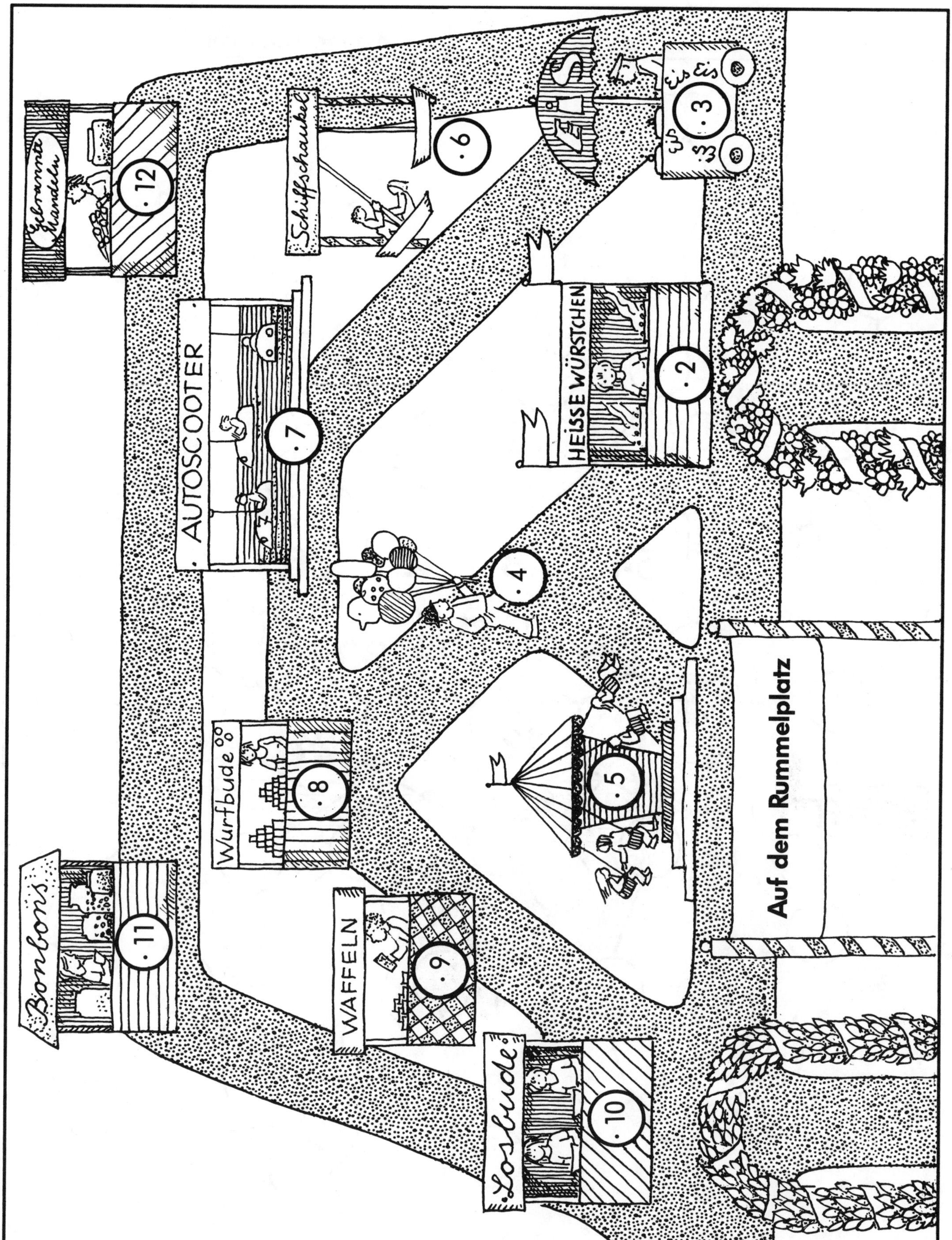
Auf dem Rummelplatz
Gebrannte Mandeln
·12
Schiffschaukel
·6
Eis Eis
·3
AUTOSCOOTER
·7
HEISSE WÜRSTCHEN
·2
·4
Wurfbude
·8
·5
Bonbons
·11
WAFFELN
·9
Losbude
·10

Bienen sammeln Honig

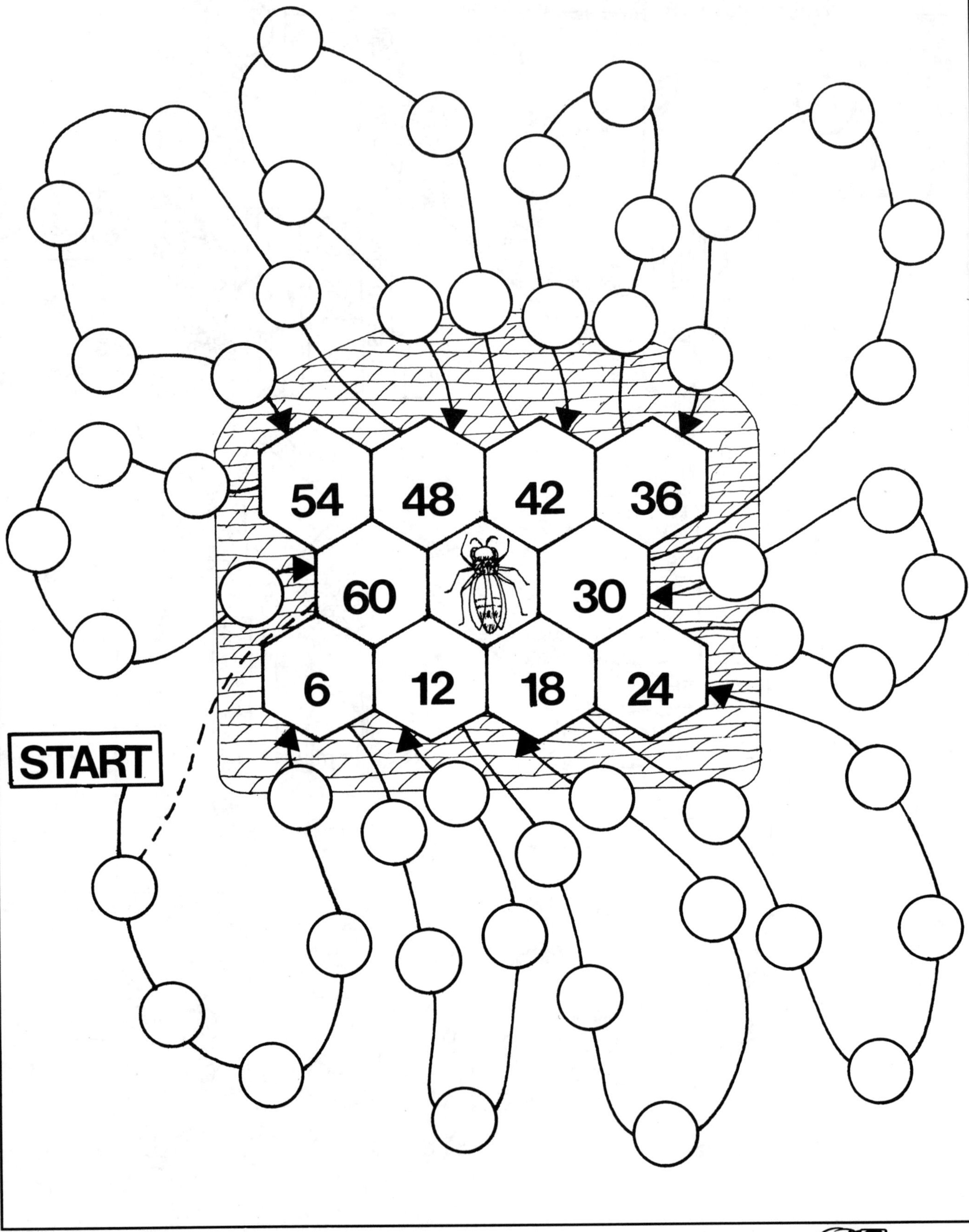

Wolf Verlag · Postfach 110641, Haidplatz 2, 8400 Regensburg

Welche Blumen fliegt die Biene an?

Kennst du die Blumen, die die Biene heute besucht?

Male rot aus.	Male gelb aus.	Male grün aus.
$18 = \square \cdot 6$	$3 \cdot 6 + 6 \cdot 5 = \square$	$2 \cdot 6 - 1 = \square$
$36 = 6 \cdot \square$	$6 \cdot 9 - 3 \cdot 6 = \square$	$4 \cdot 6 - 4 = \square$
$\square \cdot 6 = 72$	$4 \cdot 6 + 3 \cdot 6 = \square$	$8 \cdot 6 + 4 = \square$
$\square \cdot 6 = 30$	$6 \cdot 2 + 2 \cdot 6 = \square$	$7 \cdot 6 + 5 = \square$
$8 \cdot \square = 48$	$6 \cdot 8 - 5 \cdot 6 = \square$	$6 \cdot 6 + 4 = \square$
$24 = \square \cdot 6$	$6 \cdot 5 + 6 \cdot 6 = \square$	$3 \cdot 6 - 4 = \square$
$12 = 6 \cdot \square$	$4 \cdot 6 + 5 \cdot 6 = \square$	$4 \cdot 6 + 5 = \square$
$6 \cdot \square = 48$	$10 \cdot 6 - 6 \cdot 2 = \square$	$5 \cdot 6 - 3 = \square$
$42 = \square \cdot 6$	$4 \cdot 6 + 6 \cdot 6 = \square$	$10 \cdot 6 + 2 = \square$
$\square \cdot 6 = 54$	$6 \cdot 12 - 6 \cdot 7 = \square$	$11 \cdot 6 - 1 = \square$
$30 = \square \cdot 6$	$8 \cdot 6 + 6 \cdot 4 = \square$	$12 \cdot 6 - 3 = \square$
$66 = 6 \cdot \square$	$11 \cdot 6 - 2 \cdot 6 = \square$	$9 \cdot 6 + 3 = \square$

Die Blumen heißen ______________ und ______________.

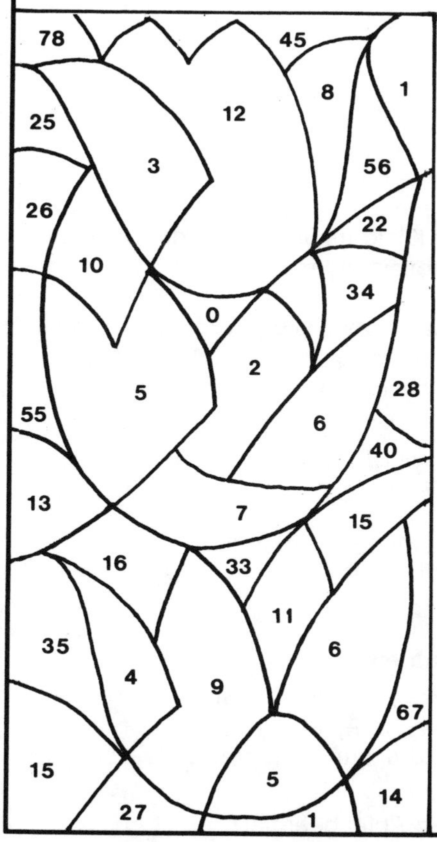

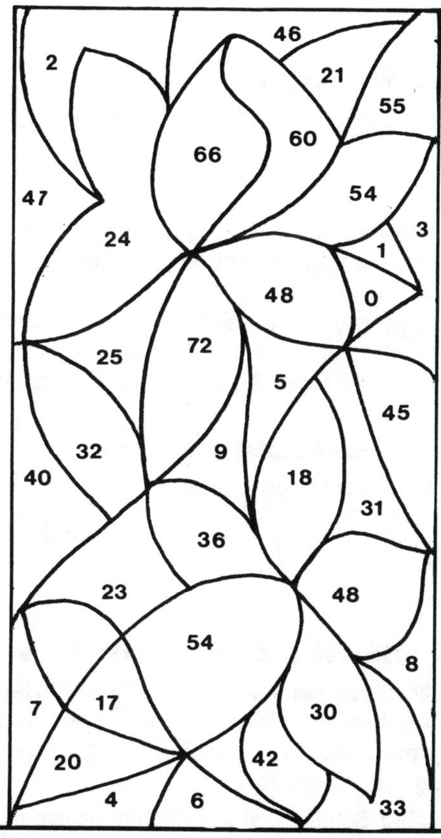

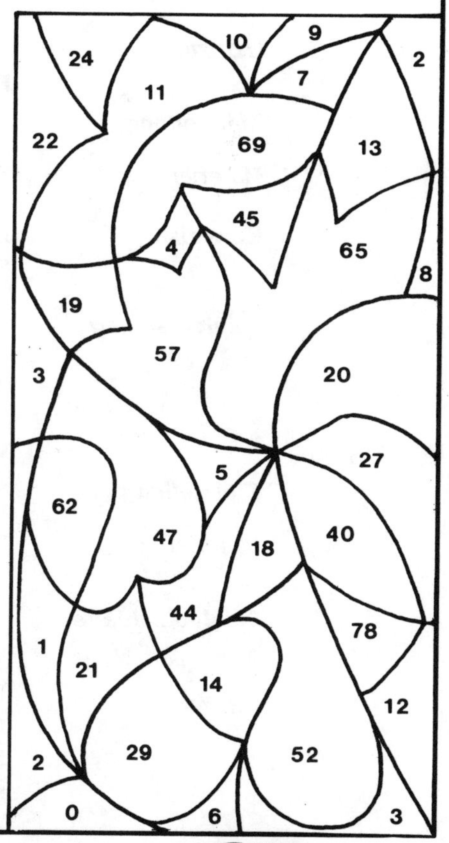

Verlagsnummer 2 670.55 - 1/V - Wolf-Handbuch „Spielend zum Einmaleins" – Arbeitshilfe 29

Wolf Verlag · Postfach 110641, Haidplatz 2, 8400 Regensburg

Einmaleins mit 9

Erarbeitung

AH 30, S. 54

Kegelspiele werden verpackt

Zielstellung Erarbeiten der 9er-Reihe in operativer Form

Hinweis Vier Lösungswege sind angeboten, um die Anzahl der Kegel bei sieben Spielen zu ermitteln. Wir beschreiten sie einzeln und nacheinander. Die Schüler malen die Kegel als farbige Kringel (Blick von oben!) ein. Der König wird als letzter und neunter Kegel andersfarbig eingezeichnet. In der jeweiligen Leiste darunter stehen die entsprechenden Malaufgaben. Durch Verdoppeln, Halbieren und Wegnehmen entwickeln wir die 9er-Reihe. Zum Schluß begründen die Schüler, welchem Rechenweg sie den Vorrang geben.

AH 31, S. 55

Kegelspiele mit Prüfliste

Zielstellung Erkennen, daß Einmaleinssätze untereinander ableitbar sind
Ableiten und Bestätigen der Zahlen des 9er-Einmaleins aus dem Punktefeld

Hinweis Wir zeigen noch einmal, wie die Einmaleinssätze untereinander abgeleitet werden können (siehe Pfeile!). Die Kegel werden in die einzelnen Schachteln eingezeichnet und der operativen Vorgehensweise entsprechend mit Farbstift umkreist, zunächst die erste gefüllte Schachtel, dann die erste und die zweite, jetzt die erste, zweite, dritte und vierte Schachtel usw. In der Prüfliste werden zuerst die acht einfachen Kegel braun, der Königskegel als letzter jedoch jeweils rot gekennzeichnet. Das entstehende Prüflisten-Bild zeigt den Aufbau der 9er-Reihe im Punktefeld, das auf der 10er-Basis begründet ist. Aufgrund dieses Bildes läßt sich leicht eine wichtige Merkhilfe ableiten:

$1 \cdot 9 = 10 - 1 = 9$

$2 \cdot 9 = 20 - 2 = 18$

$3 \cdot 9 = 30 - 3 = 27$ usw.

Übung

Punktesammeln (Kegelspiel)

Zielstellung Errechnen von Malaufgaben des 9er-Einmaleins

Material Kegelspiel und Kugel

Hinweis Das Kegelspiel wird so aufgestellt, daß der König im 9er-Feld in der Mitte zu stehen kommt. Wir spielen in Gruppen gegeneinander.

Spielvorschlag Jeder umgefallene Kegel zählt einen, der gestürzte König jedoch zwei Punkte. Die Punktzahl wird mit 9 malgenommen. Die Ergebnisse für jede Gruppe halten wir an der Tafel fest. Am Schluß errechnen wir die Gesamtsumme.

AH 32, S. 56

Wir pflücken Äpfel (Würfelspiel)

Zielstellung Sichern des 9er-Einmaleins

Material Spielvorlage je Partnergruppe; 2 Würfel; 2 beliebige Farbstifte

Spielvorschläge

Vorschlag 1

Wir pflücken Äpfel mit vorgegebenen Zahlen

Es wird abwechselnd mit beiden Würfeln gespielt, die Augenzahlen werden zusammengezählt und mit 9 malgenommen. Ein Apfel mit dem entsprechenden Ergebnis darf „gepflückt", d. h. mit der gewählten Farbe ausgemalt werden.
Welcher Schüler hat zum Schluß die meisten Äpfel geerntet?

AH 43, S. 75 *Vorschlag 2*

Wir pflücken Äpfel mit selbstgewählten Zahlen

Bevor die beiden Schüler mit der Apfelernte beginnen, belegen sie jetzt erst selbst die reifen Äpfel abwechselnd mit einer Zahl der 9er-Reihe. Die entsprechende Kopiervorlage befindet sich auf Seite 75 als AH 43! Mit der Zahl 9 darf kein Apfel belegt werden.

Hinweis

Schnelle Gruppen besorgen sich nach dem ersten Durchgang eine weitere Spielvorlage. Soll diese Vorlage häufiger Verwendung finden, legt man eine Folie über das Blatt und befestigt beides mit Büroklammern. Nun werden die Äpfel mit abwaschbaren Folienstiften ausgemalt.

Dieses Würfelspiel ist für alle Einmaleinsreihen einsetzbar!

AH 33, S. 57 *Vorschlag 3*

Wir pflücken Zahlenäpfel aus verschiedenen bekannten Einmaleinsreihen

Die Zahlenäpfel sind wieder vorgegeben. Es wird reihum gewürfelt und die Augen beider Würfel werden zusammengezählt. Daraus wird eine passende Einmaleinsaufgabe entwickelt.

Beispiel: erster Würfel 4 Augen; zweiter Würfel 5 Augen

Mögliche Aufgaben:

$9 \cdot 2 = 18$

$9 \cdot 3 = 27$

$9 \cdot 4 = 36$

$9 \cdot 5 = 45$ usw.

Der Apfel wird wieder mit der gewählten Farbe ausgemalt. Sieger ist, wer am Schluß die meisten Äpfel gepflückt hat.

Hinweis

Das Spiel kann auch auf eine bestimmte Zeit begrenzt werden.

Anwendung

AH 34, S. 58

Welcher Käfer läuft hier?

Zielstellung

Sichern der Rechenfertigkeit im 9er-Einmaleins in erweiterter Aufgabenstellung

Hinweis

Differenzierungsmöglichkeit: Stillarbeit, Partnerarbeit oder gemeinsames Rechnen in der Kleingruppe unter Hilfestellung des Lehrers für leistungsschwache Schüler

Lösung

Hirschkäfer

Kegelspiele verpacken

Kegelspiele werden verpackt.
In jede Schachtel kommen 9 Kegel.
Karl soll 7 Spiele zusammenstellen. Wie viele Kegel braucht er?

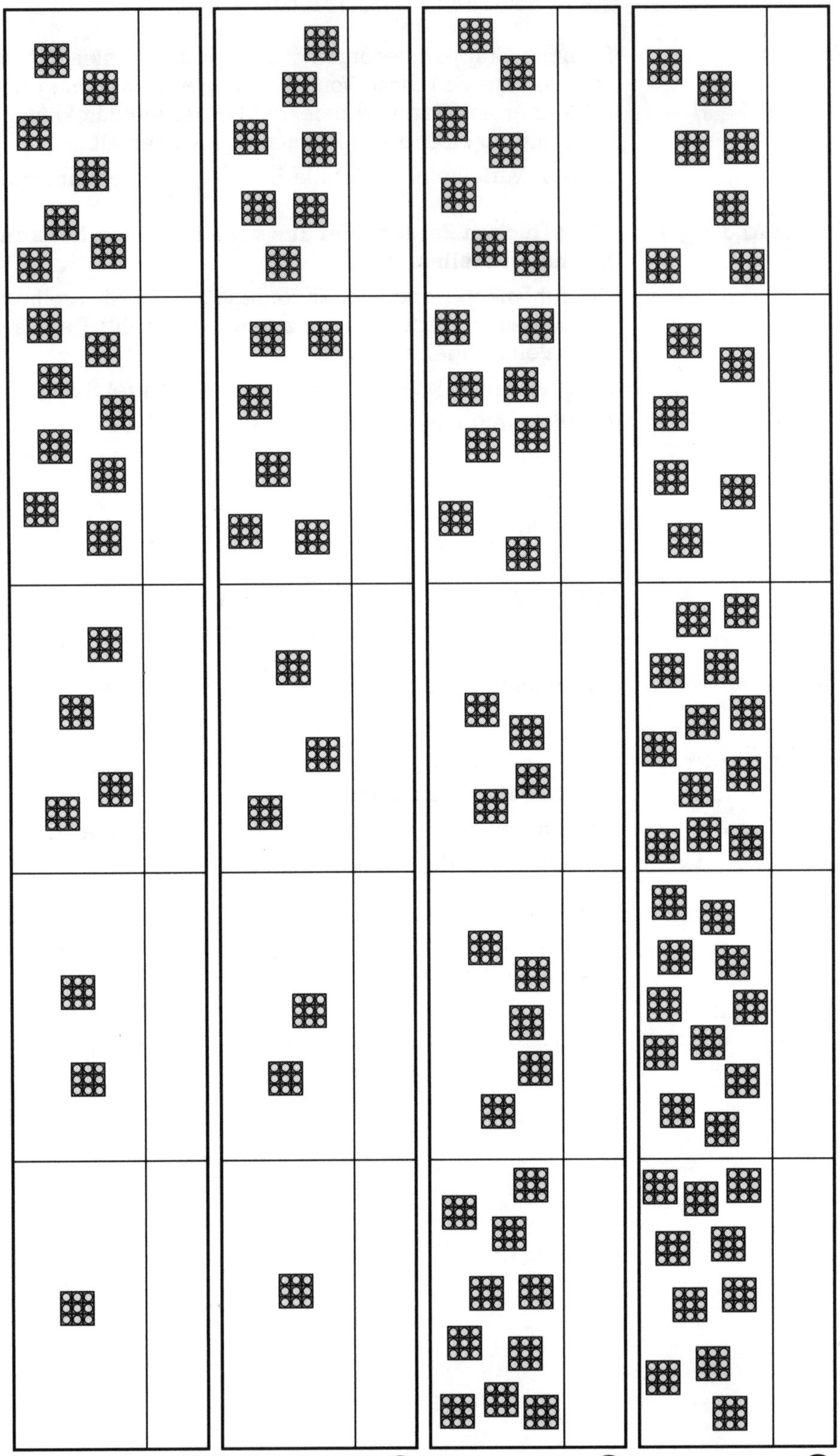

① ② ③ ④

Welchen Rechenweg hättest du eingeschlagen?

Wolf Verlag · Postfach 110641, Haidplatz 2, 8400 Regensburg

Kegelspiele verpacken

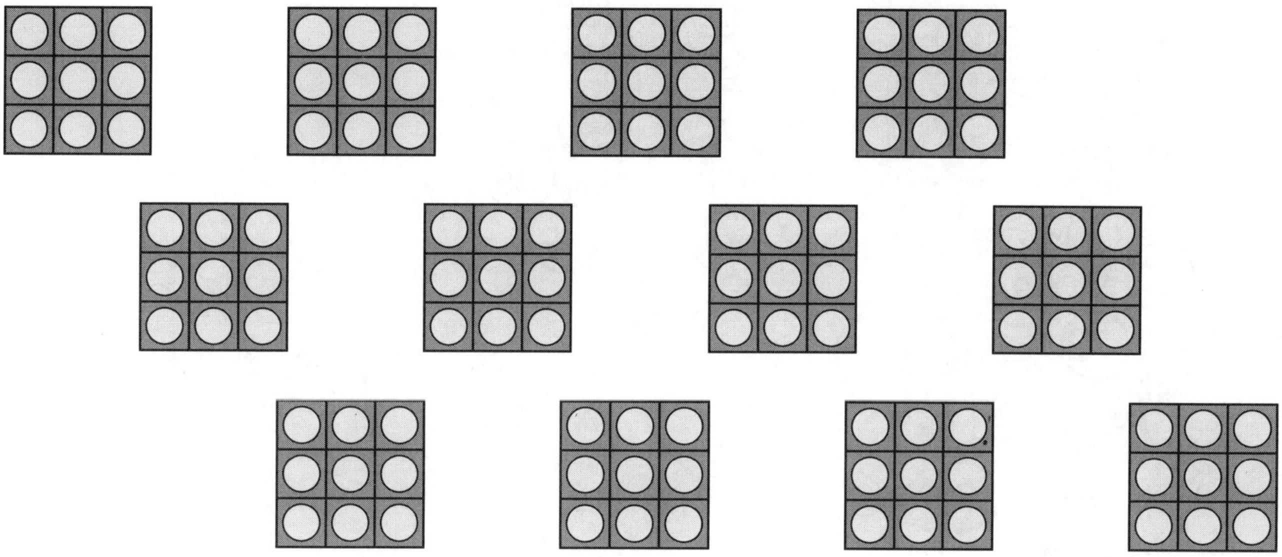

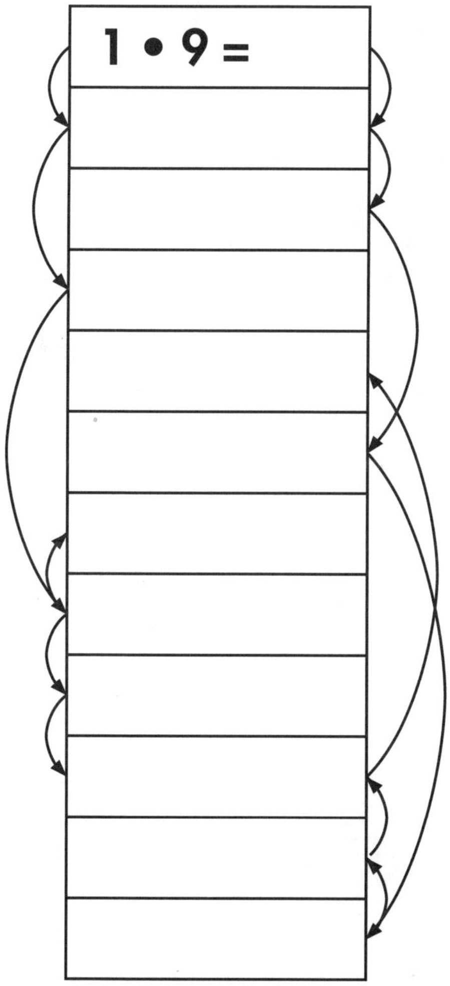

Prüfliste

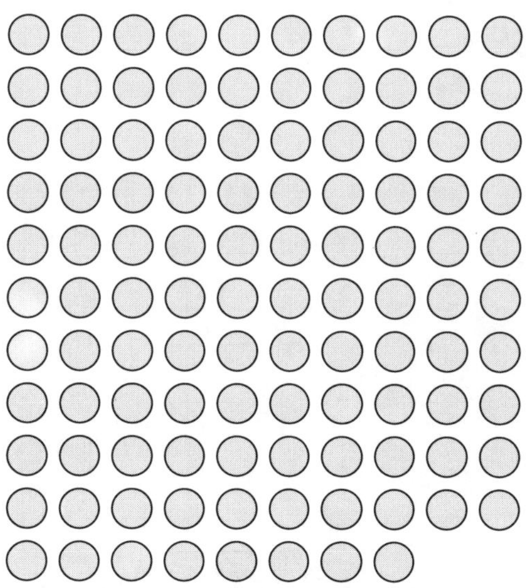

Sind alle Kegel verpackt worden?

Verlagsnummer **2 670.55** - 1/V - Wolf-Handbuch „Spielend zum Einmaleins" – Arbeitshilfe 31

Wolf Verlag · Postfach 11 06 41, Haidplatz 2, 8400 Regensburg

Wir pflücken Äpfel

Verlagsnummer **2 670.55** - I/V - Wolf-Handbuch „Spielend zum Einmaleins" – Arbeitshilfe 32

Wolf Verlag · Postfach 110641, Haidplatz 2, 8400 Regensburg

Wir pflücken Äpfel

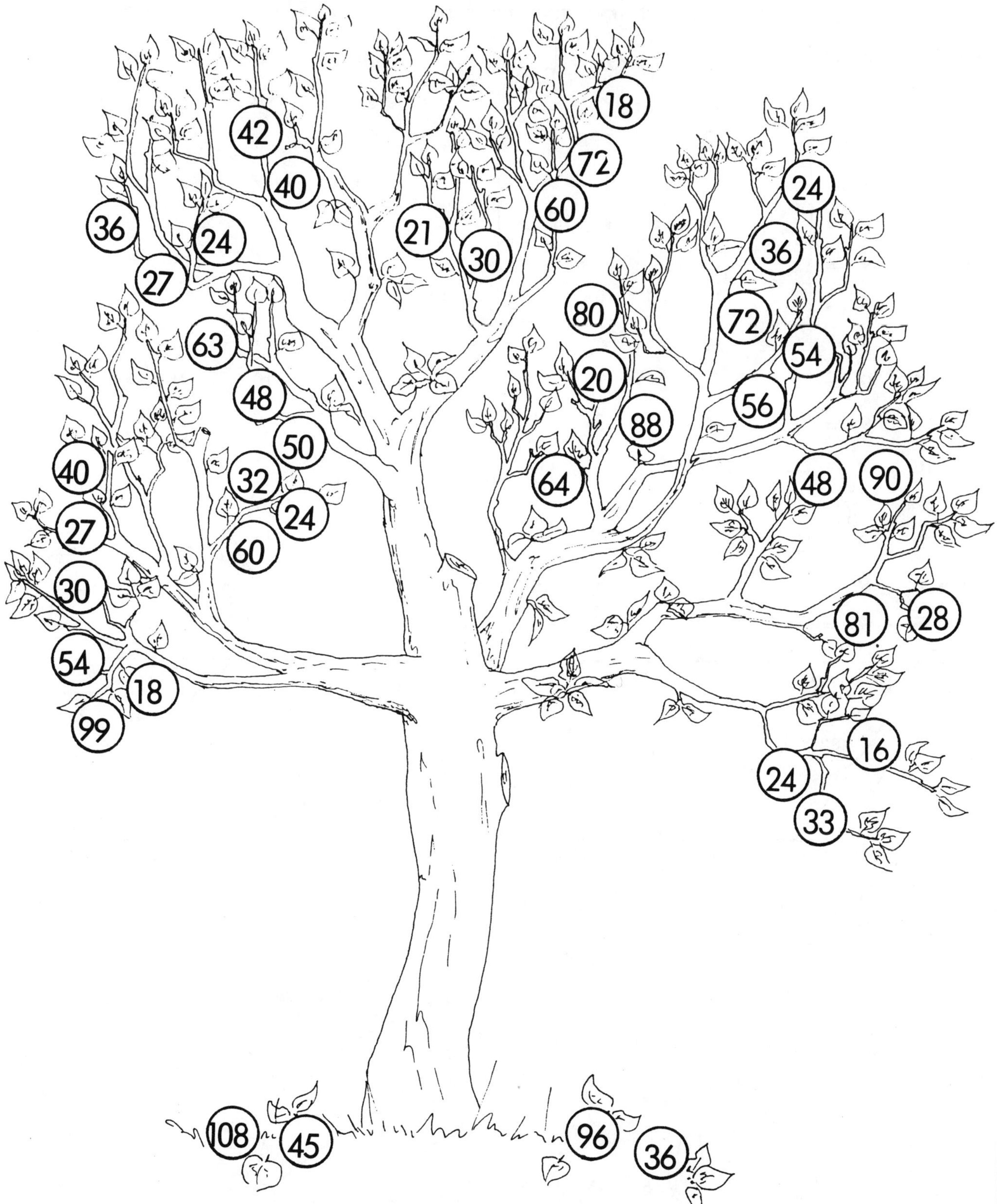

Verlagsnummer **2 670.55** · I/V · Wolf-Handbuch „Spielend zum Einmaleins" – Arbeitshilfe 33

Wolf Verlag · Postfach 110641, Haidplatz 2, 8400 Regensburg

Welcher Käfer läuft hier?

Löse die Aufgaben der Reihe nach und male die Lösungsfelder im Bild unten braun aus.

① 2 · 9 = ☐
② 3 · 9 = ☐
③ 6 · 9 = ☐
④ 9 · 9 = ☐
⑤ 10 · 9 = ☐
⑥ 5 · 9 = ☐
⑦ 4 · 9 = ☐
⑧ 8 · 9 = ☐
⑨ 7 · 9 = ☐
⑩ 11 · 9 = ☐
⑪ 18 : 9 = ☐
⑫ 27 : 9 = ☐
⑬ 72 : 9 = ☐
⑭ 36 : 9 = ☐
⑮ 45 : 9 = ☐

⑯ 90 : 9 = ☐
⑰ 81 : 9 = ☐
⑱ 99 : 9 = ☐
⑲ 63 : 9 = ☐
⑳ 54 : 9 = ☐
㉑ 108 : 9 = ☐
㉒ 4 · 9 + ☐ = 60
㉓ 9 · 6 + ☐ = 79
㉔ 2 · 9 + ☐ = 89
㉕ 9 · 9 + ☐ = 93
㉖ 5 · 9 + ☐ = 73
㉗ 3 · 9 + ☐ = 58
㉘ 9 · 7 + ☐ = 98
㉙ 8 · 9 + ☐ = 93
㉚ 7 · 9 + ☐ = 86

㉛ 9 · 5 + ☐ = 64
㉜ 3 · 9 + ☐ = 59
㉝ 9 · 4 + ☐ = 73
㉞ 6 · 9 + ☐ = 69
㉟ 9 · 9 + ☐ = 97
㊱ 9 · 5 − 13 = ☐
㊲ 3 · 9 − 14 = ☐
㊳ 7 · 9 − 19 = ☐
㊴ 9 · 10 − 8 = ☐
㊵ 12 · 9 − 23 = ☐
㊶ 9 · 6 − 16 = ☐
㊷ 8 · 9 − 12 = ☐
㊸ 9 · 5 − 25 = ☐
㊹ 11 · 9 − 31 = ☐
㊺ 9 · 9 − 21 = ☐

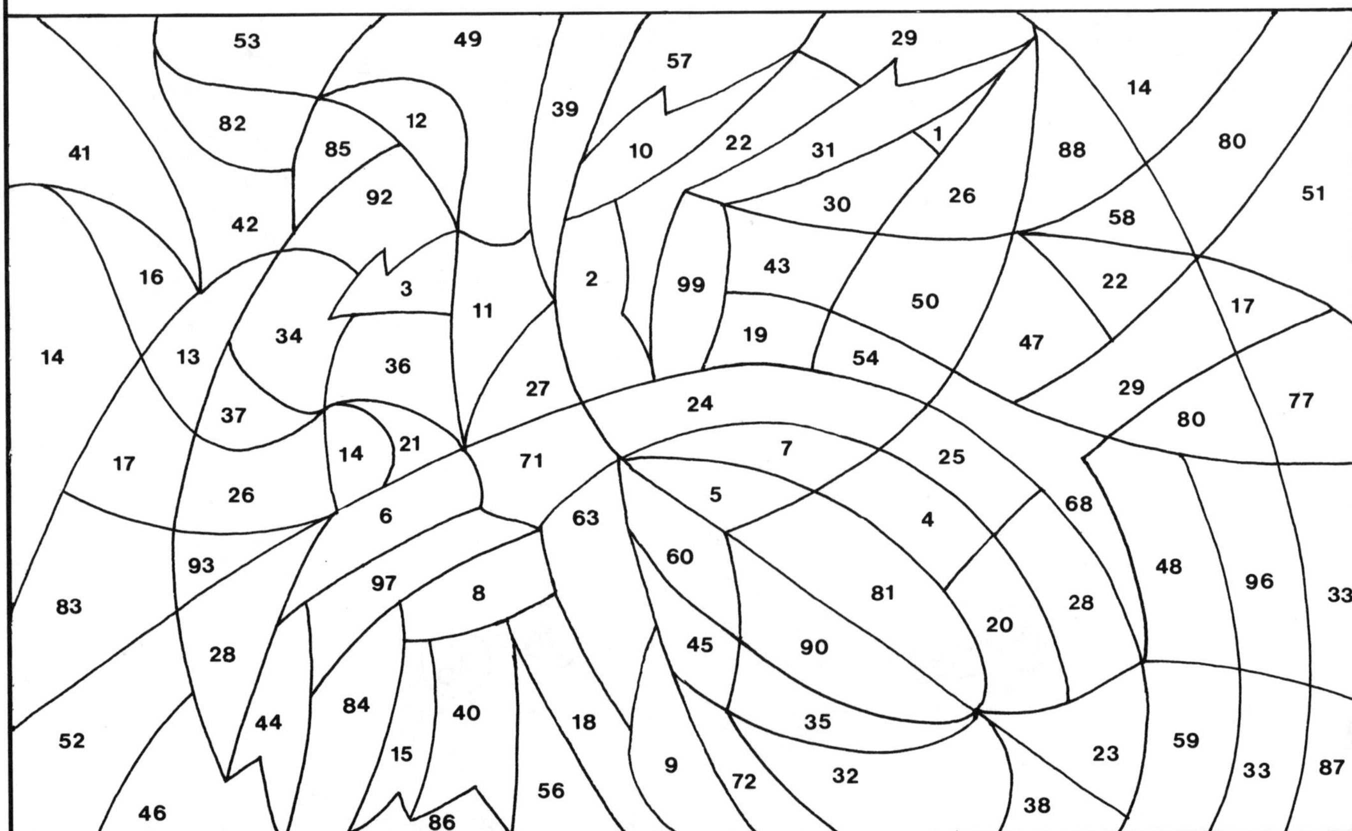

Verlagsnummer **2 670.55** - 1/V - Wolf-Handbuch „Spielend zum Einmaleins" – Arbeitshilfe 34

Wolf Verlag · Postfach 110641, Haidplatz 2, 8400 Regensburg

Verwandtschaft der Einmaleinsreihen mit 3, 6 und 9

Übung

LT 4/5, S. 61/62

Zahlenfelder (Konzentrationsspiel)

Zielstellung

Wiederholen der 3er-, 6er- und 9er-Reihen durch eine optische Hilfe;
Üben der Einmaleinssätze
Erkennen der Verwandtschaft dieser Reihen

Hinweis

Die Konzentrationsspiele können variabel in den Unterricht eingebaut werden, als Stillarbeit mit Arbeitshilfe oder als Übung im Klassenverband mit Lehrtransparenten.

Spielvorschläge

Vorschlag 1

Konzentrationsspiel 1

Suche möglichst schnell die Zahlen der 3er-Reihe bis 36 vorwärts und rückwärts!

Übe so auch die 6er-Reihe bis 72 und die 9er-Reihe bis 108!

Einige Zahlen sind in den kleinen Kästchen, andere in den mittleren und weitere in großen Kästchen eingetragen. Weißt du warum?

Vorschlag 2

Konzentrationsspiel 2

Suche aus dem folgenden Zahlenfeld möglichst rasch

- alle 3er-Zahlen bis 36,
- alle 6er-Zahlen bis 72,
- alle 9er-Zahlen bis 108!

Nenne bei jeder Zahl gleich die Malaufgabe!

Integrierende Wiederholung

AH 35, S. 63

Drei gewinnt! (Spiel)

Zielstellung

Üben der Einmaleinssätze und ihrer Umkehraufgaben in spielerischer Form

Material

Spielplan; Kartensatz; 2 Blei- und 2 Farbstifte

Hinweis

Der Kartensatz besteht aus 22 Karten. Jede Karte ist entweder mit einem, mit zwei oder mit drei Punkten gekennzeichnet (Vorderseite: Ergebniszahl; Rückseite: Malaufgabe). Hierzu eignen sich Karteikarten DIN A7, die einmal durchgeschnitten werden. Das Spiel wird in Partnerarbeit gespielt.

12 Karten mit ● Punkt:

1 · 3	5 · 3	7 · 3	11 · 3
7 · 6	8 · 6	10 · 6	11 · 6
9 · 9	10 · 9	11 · 9	12 · 9

8 Karten mit ●● Punkten:

2 · 3 1 · 6	3 · 3 1 · 9	4 · 3 2 · 6
8 · 3 4 · 6	9 · 3 3 · 9	10 · 3 5 · 6
9 · 6 6 · 9	12 · 6 8 · 9	

2 Karten mit ●●● Punkten:

6 · 3 3 · 6 2 · 9	12 · 3 6 · 6 4 · 9

Spielvorschlag

Die Karten werden gemischt und auf den drei jeweils mit denselben Punkten gekennzeichneten Feldern als Häufchen aufgeschichtet. Die Ergebniszahlen sind zu sehen.

Jeder Spieler wählt sich ein Zeichen, z. B. einen Kreis oder ein Kreuz. Der beginnende Spieler entscheidet sich für eine der drei sichtbaren Aufgaben und nennt entweder eine, zwei oder alle drei passenden Malaufgaben. Durch Wenden der Karte kann er gleich kontrollieren, ob die Aufgabe richtig gelöst wurde. In diesem Fall setzt er sein Zeichen in eines der Felder, welche mit der gleichen Punktezahl wie das Rechenkärtchen markiert sind. Wer zuerst drei Felder nebeneinander, untereinander oder diagonal belegt hat, ist Sieger und malt das erste Kästchen unten aus.

Beim zweiten Durchgang beginnt derjenige Schüler, der im vorhergehenden Spiel nicht angefangen hat. Von Spiel zu Spiel wird so gewechselt.

Hinweis

Der Spielplan kann gegebenenfalls auch für die intensive Übung der verwandten 2er-, 4er- und 8er-Reihe eingesetzt werden. Dann müssen allerdings neue Kärtchen gefertigt werden.

AH 36, S. 64

Inselreise (Spiel)

Zielstellung

Intensives Üben des 3er-, 6er- und 9er-Einmaleins

Hinweis

Spielanleitung siehe Seite 30/31

Wolf Verlag · Postfach 110641, Haidplatz 2, 8400 Regensburg

27	63	72	30
3	15	90	36
60	99	42	12
48	54	6	18
45	108	21	9
24	66	81	33

Verlagsnummer **2 670.55** - I/V - Wolf-Handbuch „Spielend zum Einmaleins" – Lehrtransparent 5

Wolf Verlag · Postfach 11 06 41, Haidplatz 2, 8400 Regensburg

Drei gewinnt

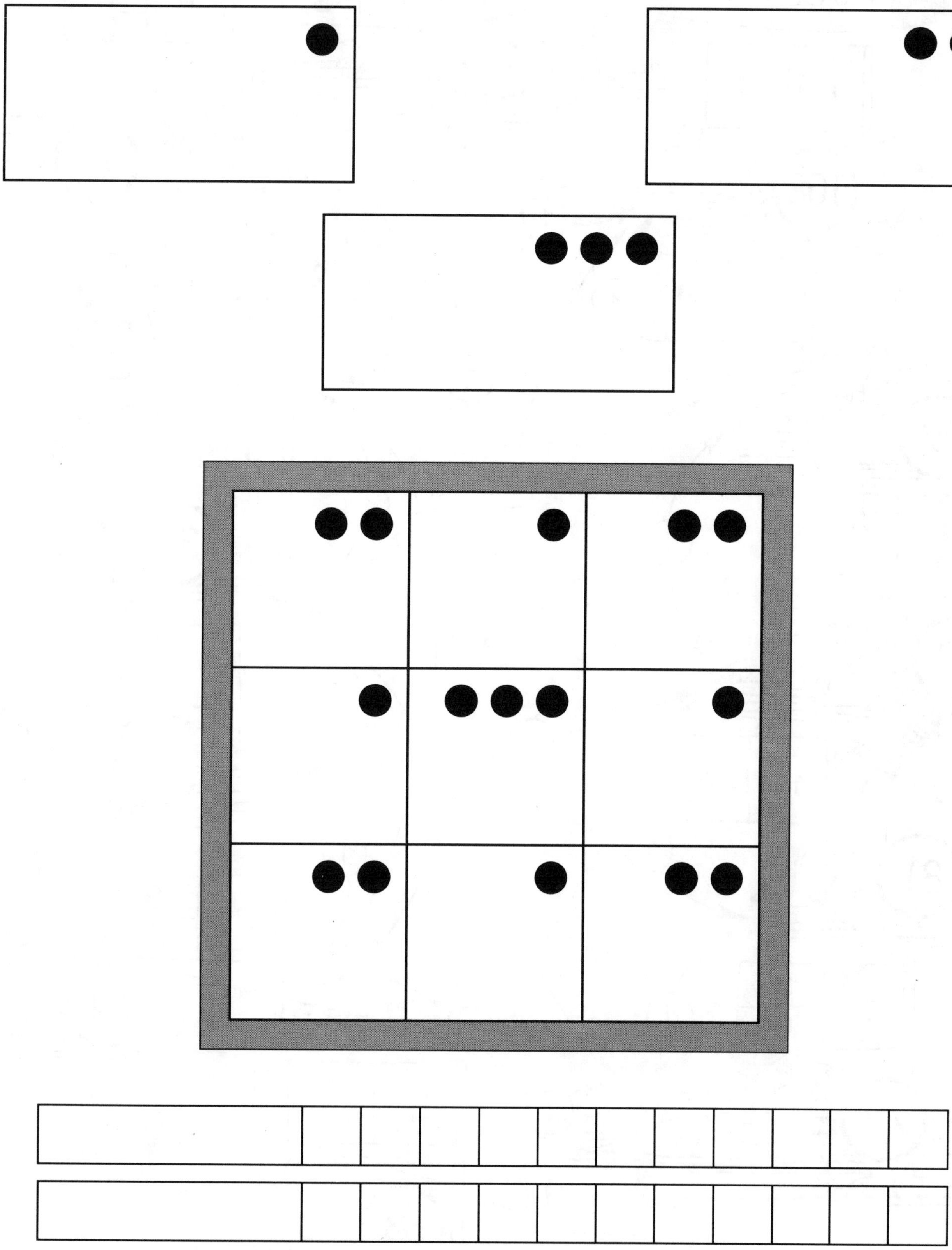

Wolf Verlag · Postfach 110641, Haidplatz 2, 8400 Regensburg

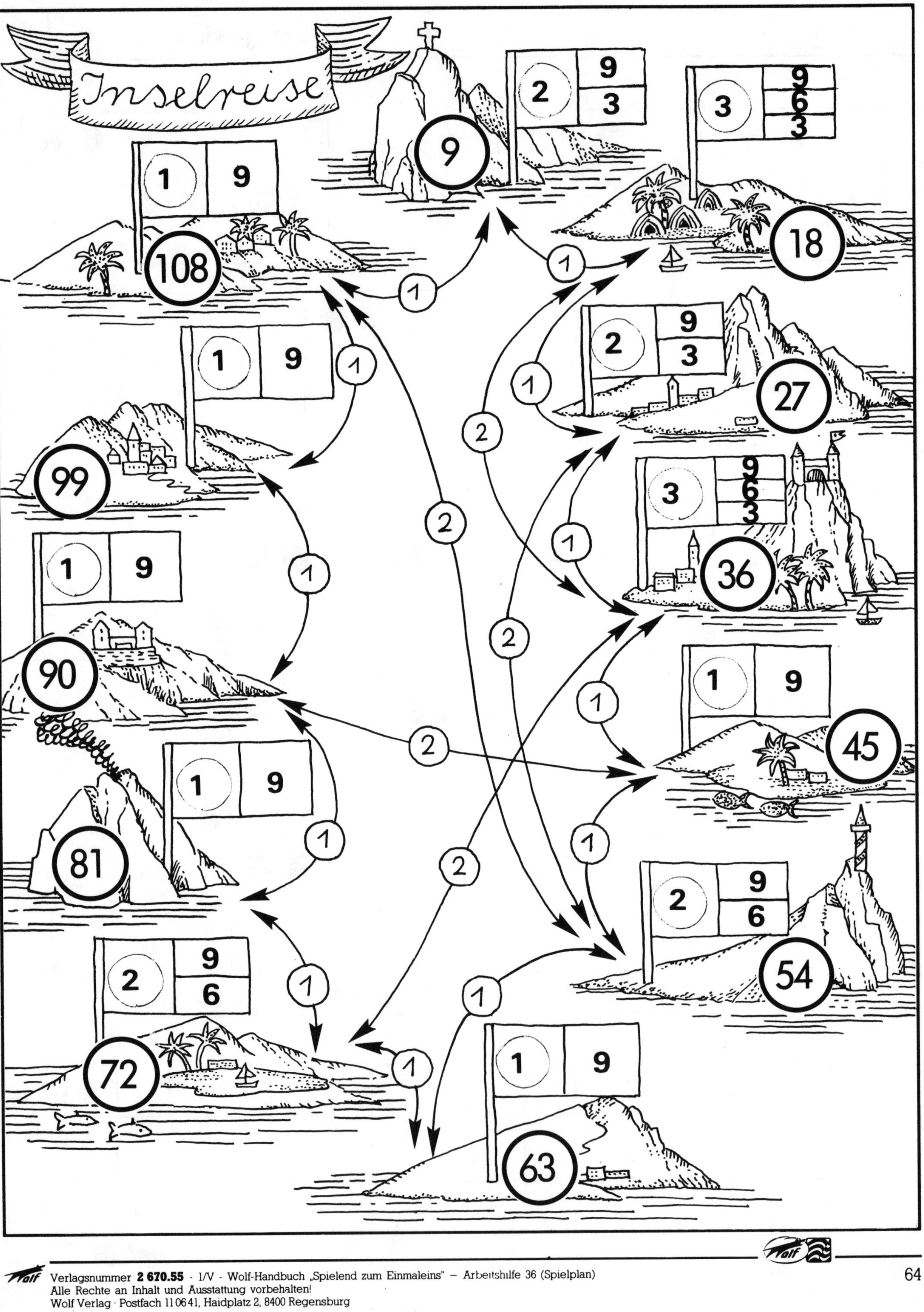

Wolf Verlag · Postfach 110641, Haidplatz 2, 8400 Regensburg

Einmaleins mit 7

Erarbeitung

AH 37, S. 67

Kuckuckseier in fremden Nestern

Zielstellung

Isolieren der Zahlen des 7er-Einmaleins aus den bereits bekannten Reihen
Wiederholen der behandelten Einmaleinsreihen

Hinweis

Im Klassenverband erarbeiten wir gemeinsam die Zahlen der 7er-Reihe. Der Lehrer setzt zum Arbeitsblatt für die Schüler noch zusätzlich eine Folie ein.

Spielvorschlag

Erarbeitung der 7er-Reihe:
Wir isolieren die Zahlen der 7er-Reihe, indem wir zunächst die Nester und Eier der anderen Vögel suchen und farbig kennzeichnen: Vogel 2 sucht sein 2er-Nest. In diesem Nest liegen die Eier 4, 6, 10, 12. Wir malen den 2er-Vogel und seine Eier mit derselben Farbe, das erste Kuckucksei mit der Zahl 7 jedoch rot aus. Wenn alle Eier bestimmt sind, wissen wir auch, welche Eier dem Kuckuck gehören. Es sind die Eier der 7er-Reihe.

In welcher Reihenfolge hat der Kuckuck die Nester angeflogen? Wir vervollständigen den bereits begonnenen Pfeil-Flug: 7, 14, ... 77, 84.

Übung

AH 38, S. 68

Die kleine Eule hat Heimweh

Zielstellung

Errechnen, Überprüfen und Vervollständigen der Einmaleinssätze der 7er-Reihe in einer interessanten Knobelaufgabe

Spielvorschlag

Wir wollen der kleinen Eule den Weg zum Nest zeigen. Zunächst schreiben wir über jede 7er-Zahl die richtige Malaufgabe und unter jede Malaufgabe die passende Ergebniszahl. Wir überprüfen, auf welchen Wegen 7er-Zahlen doppelt vorkommen oder fehlen. Das kann nicht der richtige Weg sein, denn jede 7er-Zahl darf nur einmal vorkommen und keine 7er-Zahl darf fehlen!
In die drei Leerkreise müssen wir also die passenden Malaufgaben und die Ergebnisse eintragen. Schließlich malen wir den 7er-Kreis des Lösungsweges rot aus.

Hinweis

Die Knobelaufgabe – als Lehrtransparent für jede Gruppe vorliegend – kann auch motivierend als Gruppenwettspiel durchgeführt werden. Jede Gruppe erklärt ihren Lösungsweg am Projektor. Die Klasse kontrolliert die Ausführungen.

AH 39, S. 69

Hans im Glück (Würfelspiel)

Zielstellung

Vielfältiges Üben und Sichern der Einmaleinssätze der 7er-Reihe in einer Spielform

Material

Spielplan; Spielfiguren je nach Spielerzahl; ein Setzstein, z. B. ein Mühlestein je Spieler; Würfel; 24 Rechenkärtchen (z. B. Karteikarten DIN A 7 halbiert, Vorderseite: Malaufgaben; Rückseite: Ergebnisse) und zwar:

einfach:	$1 \cdot 7$;	$2 \cdot 7$;	$10 \cdot 7$;		
doppelt:	$3 \cdot 7$;	$4 \cdot 7$;	$5 \cdot 7$;	$9 \cdot 7$;	$12 \cdot 7$;
dreifach:	$6 \cdot 7$;	$7 \cdot 7$;	$8 \cdot 7$;		

Das Würfelspiel wird am effektivsten in Partnerarbeit oder in der Kleingruppe eingesetzt.

Spielvorschlag

Alle Spielfiguren werden auf das Startfeld (= Haus des Meisters) gesetzt. Reihum wird gewürfelt, und die Spieler ziehen mit den Spielfiguren auf den angegebenen Wegen des Spielplans. Der Setzstein auf der Bilderleiste darf nur unter bestimmten Bedingungen (Kärtchenfeld, Goldfeld) vorgezogen werden. Sieger ist, wer als erster mit seinem Setzstein das Zielfeld erreicht hat.

Bedeutung der Felder:

= Kärtchen — Eine Aufgabe muß gelöst werden. Ist das Ergebnis richtig (sofortige Kontrolle durch Wenden des Kärtchens), rückt der Spieler mit seinem Setzstein ein Feld auf der Bilderleiste links vorwärts.

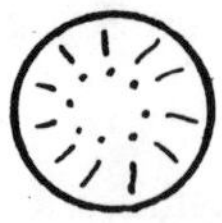

= Gold — Glück für Hans! Sofort mit dem Setzstein ein Feld auf der Bilderleiste vorwärtsrücken!

= Schemel — Hans ist müde. Er setzt eine Runde aus.

= Wagen — Ein Fuhrwerk nimmt Hans mit. Noch einmal würfeln!

Hinweis

Das Würfelspiel kann für alle Einmaleinsreihen eingesetzt werden.

Anwendung

AH 40/41, S. 70/71

Welche Tiere haben sich in den Bildern versteckt?

Zielstellung

Sichern der verschiedenen Einmaleinsaufgaben der 7er-Reihe und ihrer Umkehraufgaben in Verbindung mit Plus- und Minusaufgaben

Hinweis

Stillarbeit mit Selbstkontrolle

Lösung

Maus, Schnecke, Schmetterling und Fisch

Kuckuckseier

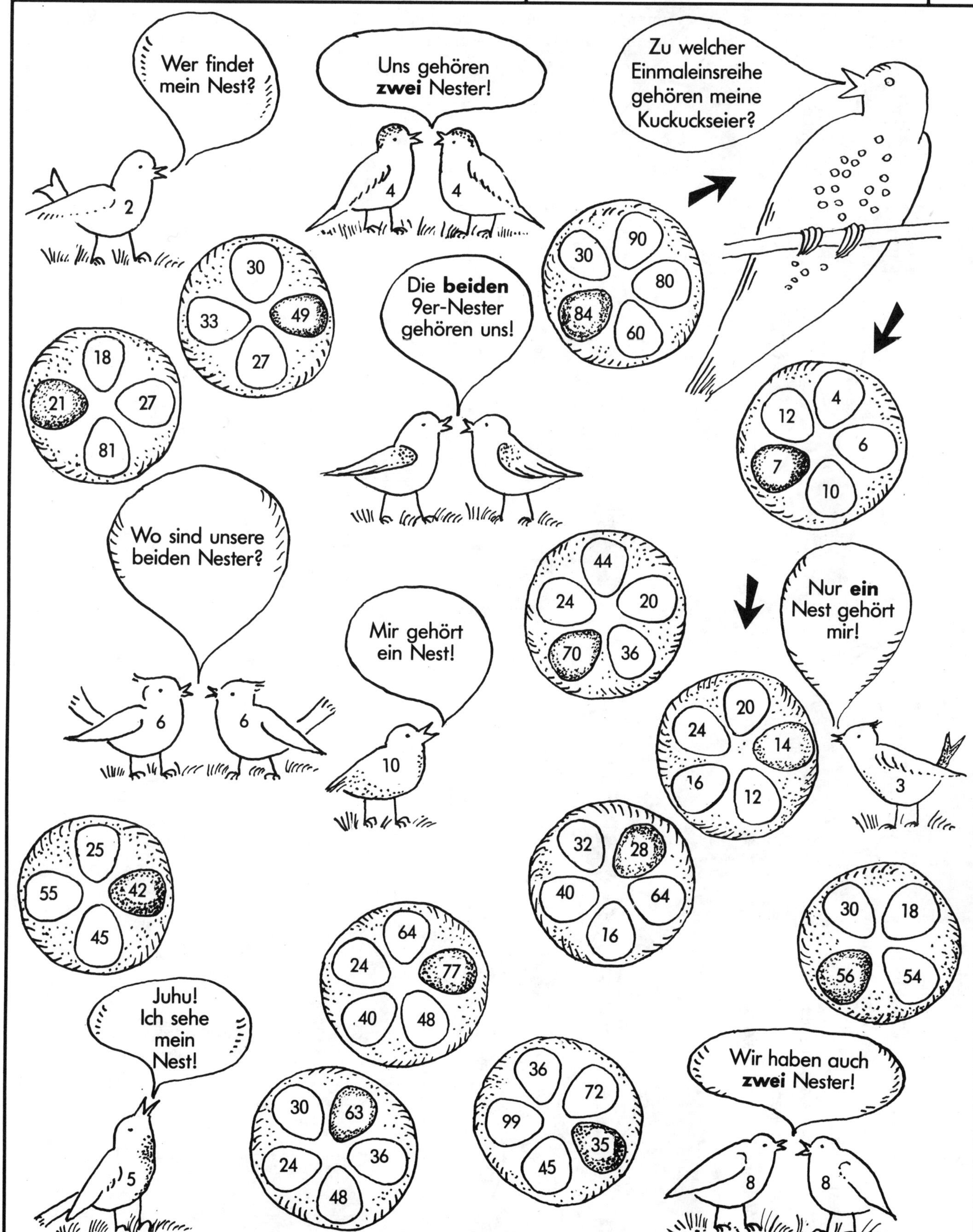

Verlagsnummer **2 670.55** - 1/V - Wolf-Handbuch „Spielend zum Einmaleins" – Arbeitshilfe 37

Wolf Verlag · Postfach 110641, Haidplatz 2, 8400 Regensburg

Die kleine Eule

Die kleine Eule hat Heimweh!
Trotz ihrer großen Kulleraugen findet sie im dichten Blätterdach des Baumes nicht den Weg zum Nest zurück.
Du willst der kleinen Eule bestimmt helfen.
Welchen Weg muß sie aber nehmen?

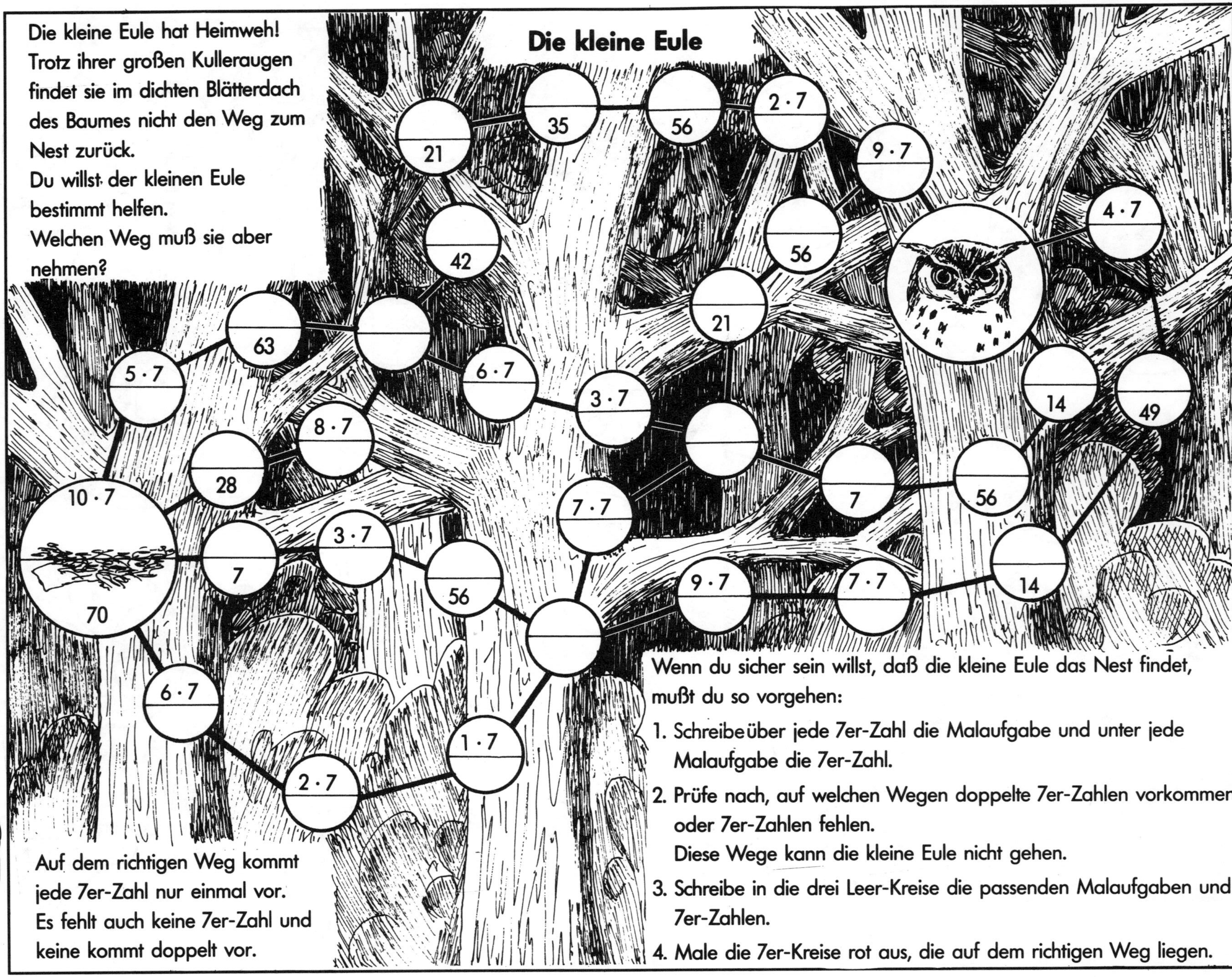

Auf dem richtigen Weg kommt jede 7er-Zahl nur einmal vor. Es fehlt auch keine 7er-Zahl und keine kommt doppelt vor.

Wenn du sicher sein willst, daß die kleine Eule das Nest findet, mußt du so vorgehen:

1. Schreibe über jede 7er-Zahl die Malaufgabe und unter jede Malaufgabe die 7er-Zahl.
2. Prüfe nach, auf welchen Wegen doppelte 7er-Zahlen vorkommen oder 7er-Zahlen fehlen.
   Diese Wege kann die kleine Eule nicht gehen.
3. Schreibe in die drei Leer-Kreise die passenden Malaufgaben und 7er-Zahlen.
4. Male die 7er-Kreise rot aus, die auf dem richtigen Weg liegen.

Verlagsnummer **2 670.55** - 1/V - Wolf-Handbuch „Spielend zum Einmaleins" – Arbeitshilfe 38 (Spielplan)

Wolf Verlag · Postfach 11 06 41, Haidplatz 2, 8400 Regensburg

Hans im Glück

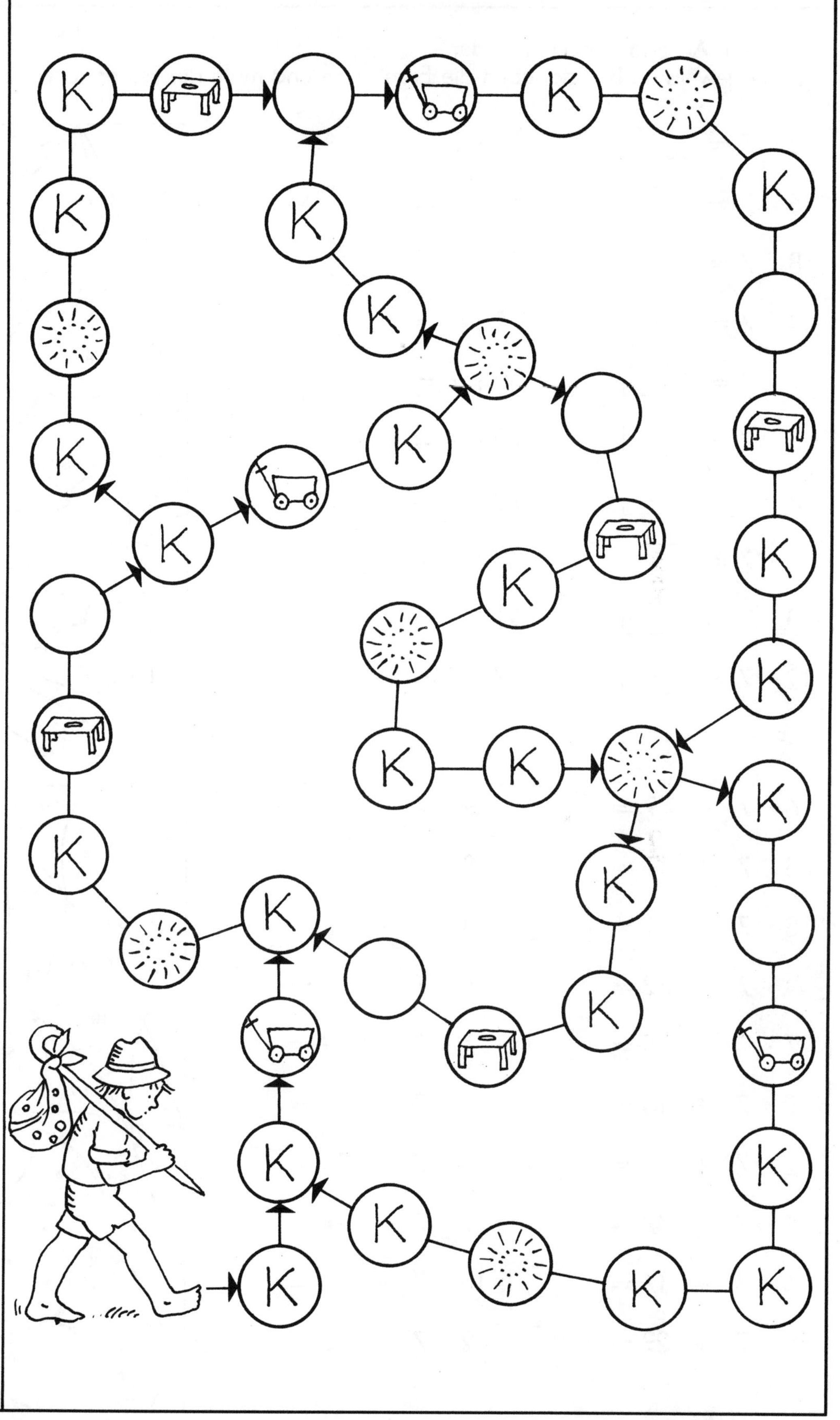

Verlagsnummer **2 670.55** - 1/V - Wolf-Handbuch „Spielend zum Einmaleins" – Arbeitshilfe 39 (Spielplan)

Wolf Verlag · Postfach 110641, Haidplatz 2, 8400 Regensburg

Welche Tiere haben sich versteckt?

Löse die Aufgaben nacheinander.
Suche jeweils im Bild daneben die Ergebnisse und male die Felder schwarz aus.

3 · 7 = ☐	14 : 7 = ☐
6 · 7 = ☐	56 : 7 = ☐
8 · 7 = ☐	28 : 7 = ☐
4 · 7 = ☐	35 : 7 = ☐
2 · 7 = ☐	42 : 7 = ☐
5 · 7 = ☐	49 : 7 = ☐
7 · 7 = ☐	70 : 7 = ☐
9 · 7 = ☐	63 : 7 = ☐
10 · 7 = ☐	21 : 7 = ☐
12 · 7 = ☐	77 : 7 = ☐

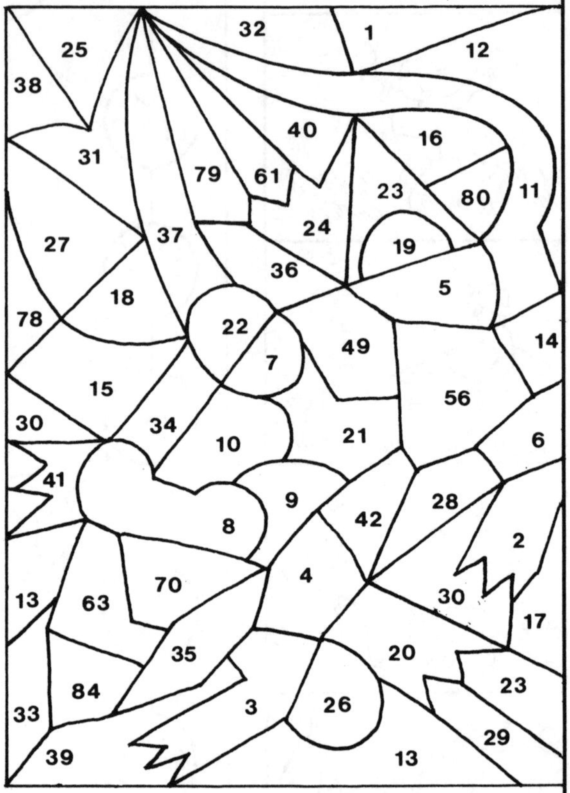

6 · 7 + 9 = ☐	4 · 7 − 12 = ☐
3 · 7 + 17 = ☐	8 · 7 − 17 = ☐
8 · 7 + 11 = ☐	3 · 7 − 9 = ☐
4 · 7 + 12 = ☐	6 · 7 − 13 = ☐
7 · 7 + 15 = ☐	7 · 7 − 19 = ☐
9 · 7 + 13 = ☐	5 · 7 − 17 = ☐
2 · 7 + 18 = ☐	8 · 7 − 14 = ☐
1 · 7 + 47 = ☐	9 · 7 − 14 = ☐
5 · 7 + 17 = ☐	10 · 7 − 17 = ☐
10 · 7 + 29 = ☐	2 · 7 − 8 = ☐

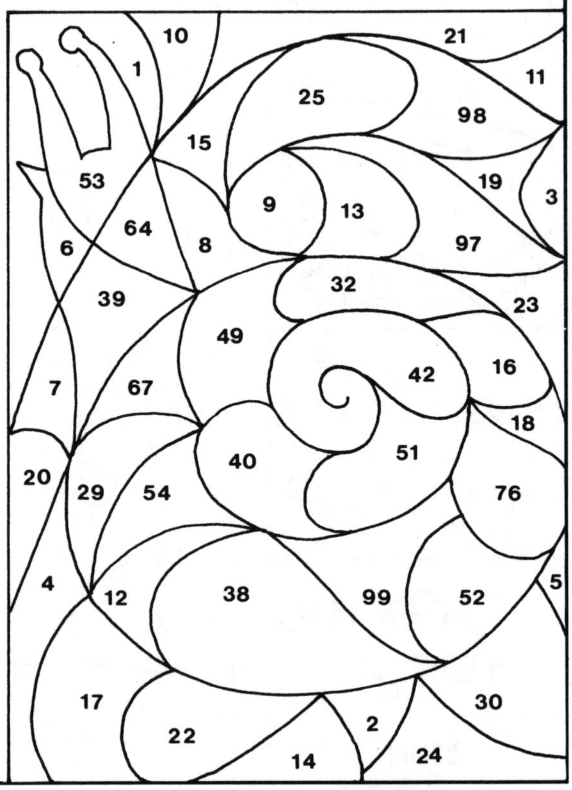

Verlagsnummer **2 670.55** - 1/V - Wolf-Handbuch „Spielend zum Einmaleins" – Arbeitshilfe 40

Wolf Verlag · Postfach 11 06 41, Haidplatz 2, 8400 Regensburg

Welche Tiere haben sich versteckt?

Löse die Aufgaben nacheinander.
Suche jeweils im Bild daneben die Ergebnisse und male die Felder rot aus.

4 · 7 + 17 = ☐	9 · 7 − 14 = ☐
7 · 3 + 22 = ☐	6 · 7 − 12 = ☐
5 · 7 + 19 = ☐	7 · 7 − 15 = ☐
6 · 7 + 25 = ☐	7 · 8 − 17 = ☐
7 · 8 + 16 = ☐	5 · 7 − 12 = ☐
7 · 9 + 15 = ☐	7 · 4 − 9 = ☐
2 · 7 + 19 = ☐	7 · 3 − 12 = ☐
7 · 7 + 12 = ☐	7 · 7 − 22 = ☐
8 · 7 + 13 = ☐	5 · 7 − 19 = ☐
7 · 6 + 2 = ☐	6 · 7 − 16 = ☐

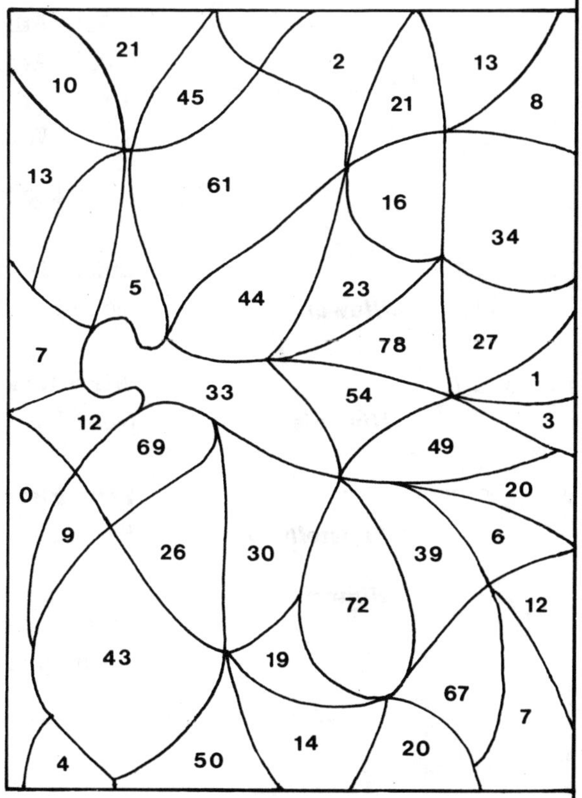

9 + 3 · 7 = ☐	6 · 7 − 2 · 7 = ☐
15 + 2 · 7 = ☐	3 · 7 + 4 · 7 = ☐
35 − 5 · 7 = ☐	7 · 7 − 5 · 7 = ☐
50 − 7 · 7 = ☐	2 · 7 + 3 · 7 = ☐
48 + 2 · 7 = ☐	6 · 7 + 4 · 7 = ☐
54 + 1 · 7 = ☐	10 · 7 + 2 · 7 = ☐
30 + 7 · 2 = ☐	3 · 7 + 20 = ☐
56 + 2 · 7 = ☐	4 · 7 + 4 · 7 = ☐
49 − 6 · 7 = ☐	10 · 7 − 1 · 7 = ☐
14 + 4 · 7 = ☐	9 · 7 + 2 · 7 = ☐

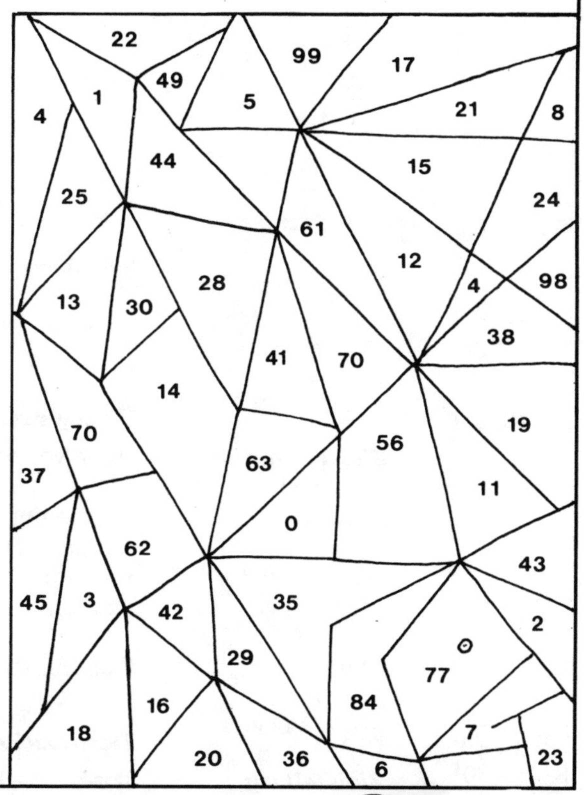

Verlagsnummer **2 670.55** - 1/V - Wolf-Handbuch „Spielend zum Einmaleins" – Arbeitshilfe 41

Wolf Verlag · Postfach 110641, Haidplatz 2, 8400 Regensburg

Alle Einmaleinsreihen

Hinweis

Folgende Arbeitshilfen, Spiele, Vorschläge usw. können für alle Einmaleinsreihen verwendet werden:

S. 18	Hüpfspiel:	Himmel und Hölle
S. 21	Würfelspiel:	Im Blumengarten (AH 9)
S. 38	Arbeitshilfe:	Fritzchen sucht Ostereier (AH 20)
S. 39	Arbeitshilfe:	So viele Tage ist das Häschen alt (AH 21)
S. 49	Arbeitshilfe:	Auf dem Rummelplatz (AH 27)
S. 69	Würfelspiel:	Hans im Glück (AH 39)

Hinzu kommen noch die nachfolgenden Spielvorschläge:

AH 42, S. 74

Inselreise (Spiel)

Hinweis

Siehe Beschreibung S. 30/31

AH 43, S. 75

Wir pflücken Äpfel (Würfelspiel)

Hinweis

Siehe Beschreibung S. 52

AH 44, S. 76

Zehn kleine Negerlein (Lied)

Zielstellung

Festigung aller Einmaleinsreihen in einer musikalischen Form

Hinweis

Es macht den Schülern sicher Spaß, das bekannte Kinderlied in dieser abgewandelten Form zu spielen und auch zu begleiten.
Liedbegleitung:

AH 45, S. 77

Übung macht den Meister

Zielstellung

Üben von verschiedenen Einmaleinsaufgaben

Hinweis

Wir beginnen oben beim Start, errechnen das Ergebnis. Es führt zur nächsten Aufgabe. Dort finden wir auch einen Lösungsbuchstaben, den wir unten im Lösungsfeld eintragen. Der Lösungsweg (Pfeile!) kann farbig nachgemalt werden.

Lösung

Was Hänschen nicht lernt, lernt Hans nimmermehr!

AH 46 – 48,
S. 78 – 80

Dornröschen

Zielstellung

Lösen von Textaufgaben in einem märchenhaften Rahmen

Hinweis

Die Schüler wählen in Einzelarbeit ihren eigenen Weg zu Dornröschen, das im obersten Turmzimmer schläft, über den Turmkeller oder die Schloßküche. Dazu erhalten sie das passende Arbeitskärtchen mit den numerierten Textaufgaben. Sie lösen der Reihe nach die Aufgaben und kontrollieren sich selbst, denn die Ergebnisse sind auf den einzelnen Karten verzeichnet. Hat ein Schüler alle Aufgaben gelöst, schneidet er das Bildmotiv aus und klebt es in die „Schloß"-Vorlage ins Feld mit der richtigen Kontrollzahl. Diese ergibt sich aus der Summe aller Ergebnisse eines Kärtchens. Er wählt den weiteren Weg und holt sich die entsprechende Rechenkarte.

Das Einmaleins-Joker-Spiel (Kartenspiel)

Zielstellung

Üben aller Einmaleinssätze in Kleingruppen

Hinweis

Auf dieses effektive Lernmaterial sollte kein Lehrer verzichten. Mit etwas Geschick und Ausdauer kann er sich selbst dieses Einmaleins-Jokerspiel herstellen. Leerkarten sind im Handel erhältlich. Die Jokerkarte ist hier verkleinert abgebildet.

Material

Das Spiel besteht aus 96 Spielkarten, jeweils 10 Karten für die 2er-, 3er, 4er, . . . , 9er- und 10er-Reihe, zusätzlich 6 Jokern. Auf jeder Karte sind eine Malaufgabe und das entsprechende Mengenpunktebild zu sehen. Gegebenenfalls kann der Schüler aus diesem Mengenbild das Ergebnis ableiten.

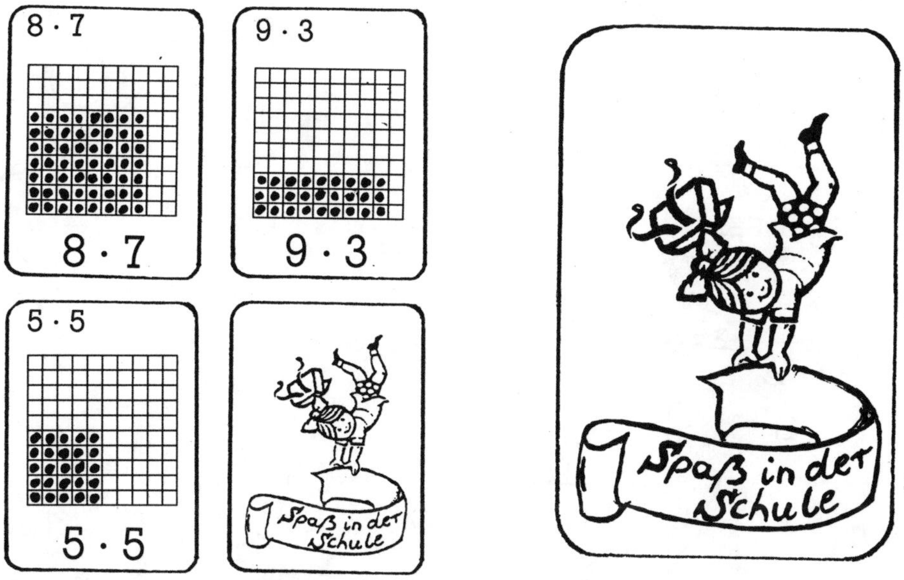

Spielvorschläge

Vorschlag 1

Stich-Spiel mit dem Partner

Die Karten werden gemischt und gleichmäßig auf mehrere, höchstens 6 Paare verteilt. Jeder Schüler erhält gleich viele Karten und legt sie in einem Stoß verdeckt übereinander. Jetzt wendet jeder Schüler seine erste Spielkarte. Wer die größte Ergebniszahl hat, nennt diese und kassiert die Karte seines Partners. Haben beide Karten denselben Wert, muß eine zusätzliche Karte aufgedeckt werden. Ein Joker sticht natürlich jede andere Karte. Ein falsches Ergebnis berechtigt nicht zum Gewinn einer Spielkarte. Die gewonnenen Karten werden sofort unter den Kartenstoß geschoben. Sieger ist, wer nach einer zuvor festgelegten Zeitspanne die meisten Karten oder alle Karten besitzt.

Vorschlag 2

Stich-Spiel in der Kleingrupe

Durch die höhere Kartenzahl gewinnt das Spiel an Spannung. An die 6 Mitspieler werden alle 96 Karten ausgegeben. Von den Schülern sind erhöhte Konzentration und mehr Übersicht gefordert.

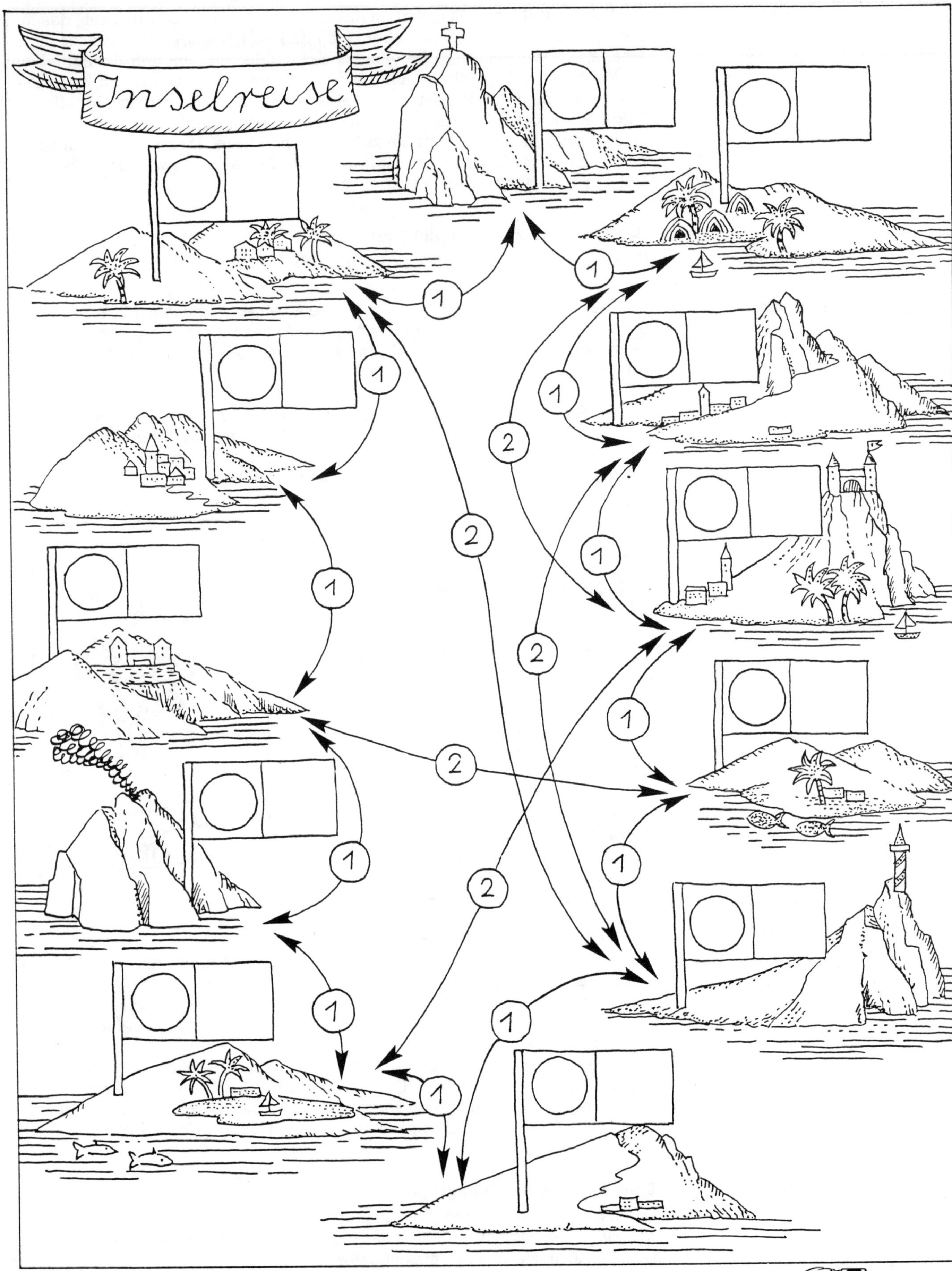

Verlagsnummer **2 670.55** - I/V - Wolf-Handbuch „Spielend zum Einmaleins" – Arbeitshilfe 42 (Spielplan)

Wolf Verlag · Postfach 110641, Haidplatz 2, 8400 Regensburg

Äpfel pflücken

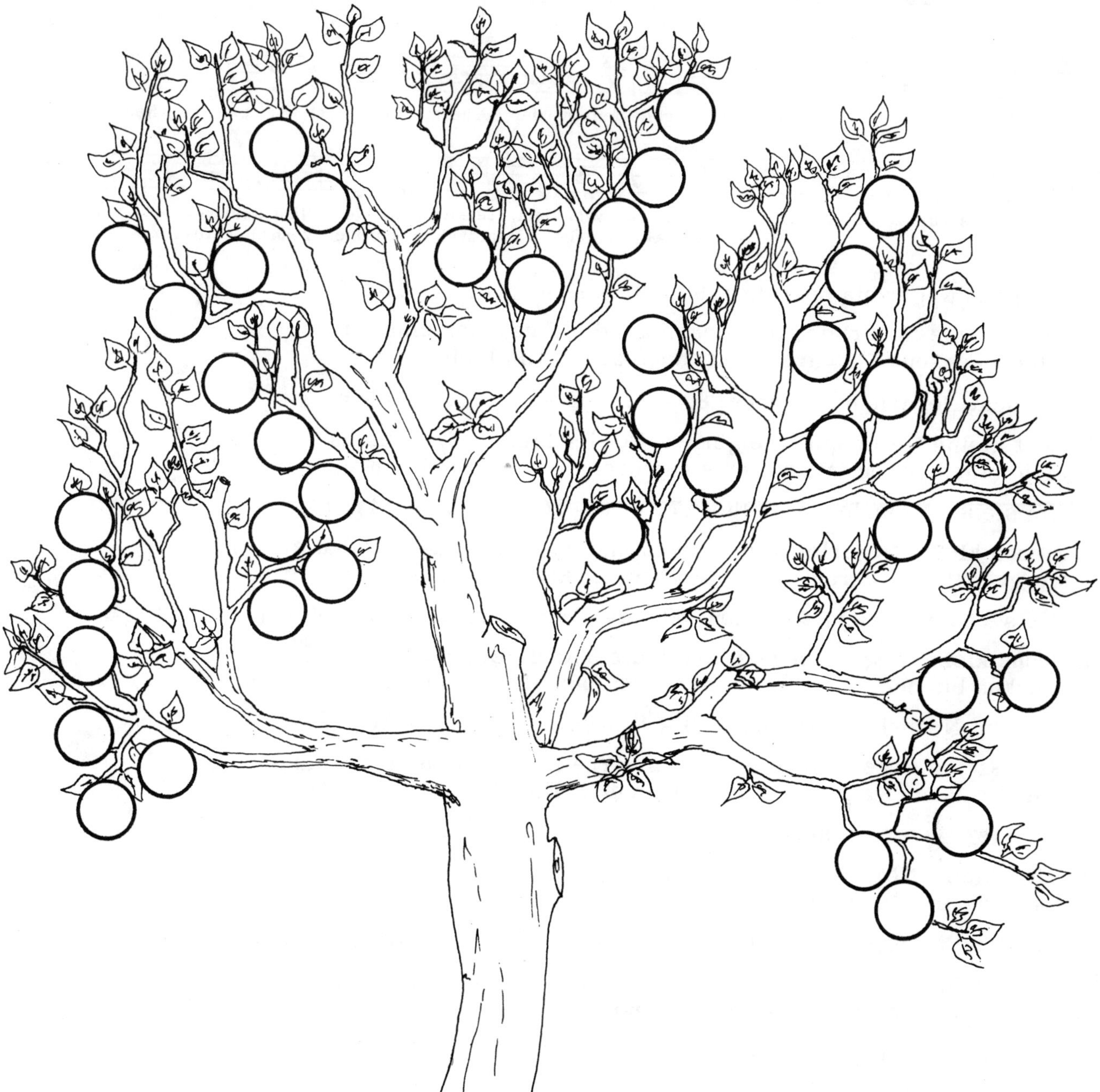

Wolf Verlag · Postfach 110641, Haidplatz 2, 8400 Regensburg

Zehn kleine Negerlein

Die zehn Negerlein sprechen: 100 - 90 - 80 - .... - 20 - 10.

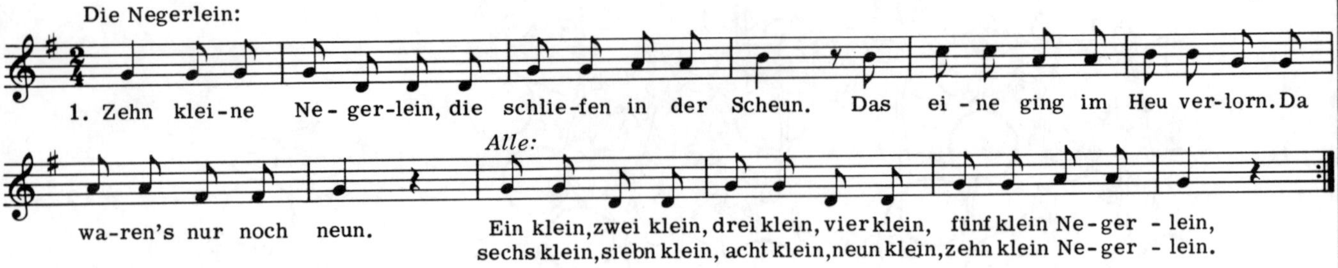

Die neun Negerlein sprechen: 90 - 81 - 72 - .... - 18 - 9.

2. Neun kleine Negerlein, die gingen auf die Jagd. Das eine wurde totgeschossen. Da waren's nur noch acht. Ein klein.....

Die acht Negerlein sprechen: 80 - 72 - 64 - .... - 16 - 8.

3. Acht kleine Negerlein, die gingen Kegel schieben. Das ein hat sich totgeschoben. Da waren's nur noch sieben. Ein klein.....

Die sieben Negerlein sprechen: 70 - 63 - 56 - ...... - 14 - 7 -.

4. Sieben kleine Negerlein, die gingen mal zur Hex. Das eine hat sie weggehext. Da waren's nur noch sechs. Ein klein......

Die sechs Negerlein sprechen: 60 - 54 - 48 - .... - 12 - 6.

5. Sechs kleine Negerlein gerieten in die Sümpf. Das eine ist drin stecken blieben. Da waren's nur noch fünf. Ein klein......

Die fünf Negerlein sprechen: 50 - 45 - 40 - .... - 10 - 5.

6. Fünf kleine Negerlein, die tranken gerne Bier. Das eine hat sich totgetrunken. Da waren's nur noch vier. Ein klein ......

Die vier Negerlein sprechen: 40 - 36 - 32 - .... - 8 - 4.

7. Vier kleine Negerlein, die kochten einen Brei. Das eine hat sich totgegessen. Da waren's nur noch drei. Ein klein ......

Die drei Negerlein sprechen: 30 - 27 - 24 - .... - 6 - 3.

8. Drei kleine Negerlein, die machten groß Geschrei. Das eine hat sich totgeschrien. Da waren's nur noch zwei. Ein klein .....

Die zwei Negerlein sprechen: 20 - 18 - 16 - ...... - 4 - 2.

9. Zwei kleine Negerlein, die fuhren mal nach Mainz. Das eine ist in'n Rhein gefallen. Da war es nur noch eins. Ein klein .....

Das eine Negerlein spricht: 10 - 9 - 8 .... - 2 - 1.

10. Ein kleines Negerlein, das war erstaunlich schlau. Es ging zurück nach Kamerun und nahm sich eine Frau. Ein klein......

Die ganze Klasse spricht:

Und wenn die beiden zehn Kinder haben, dann geht die ganze Geschichte von vorne los.

Text und Melodie volkstümlich

Verlagsnummer **2 670.55** - I/V - Wolf-Handbuch „Spielend zum Einmaleins" – Arbeitshilfe 44
Alle Rechte an Inhalt und Ausstattung vorbehalten!
Wolf Verlag · Postfach 11 06 41, Haidplatz 2, 8400 Regensburg

____________________	Übung macht den Meister

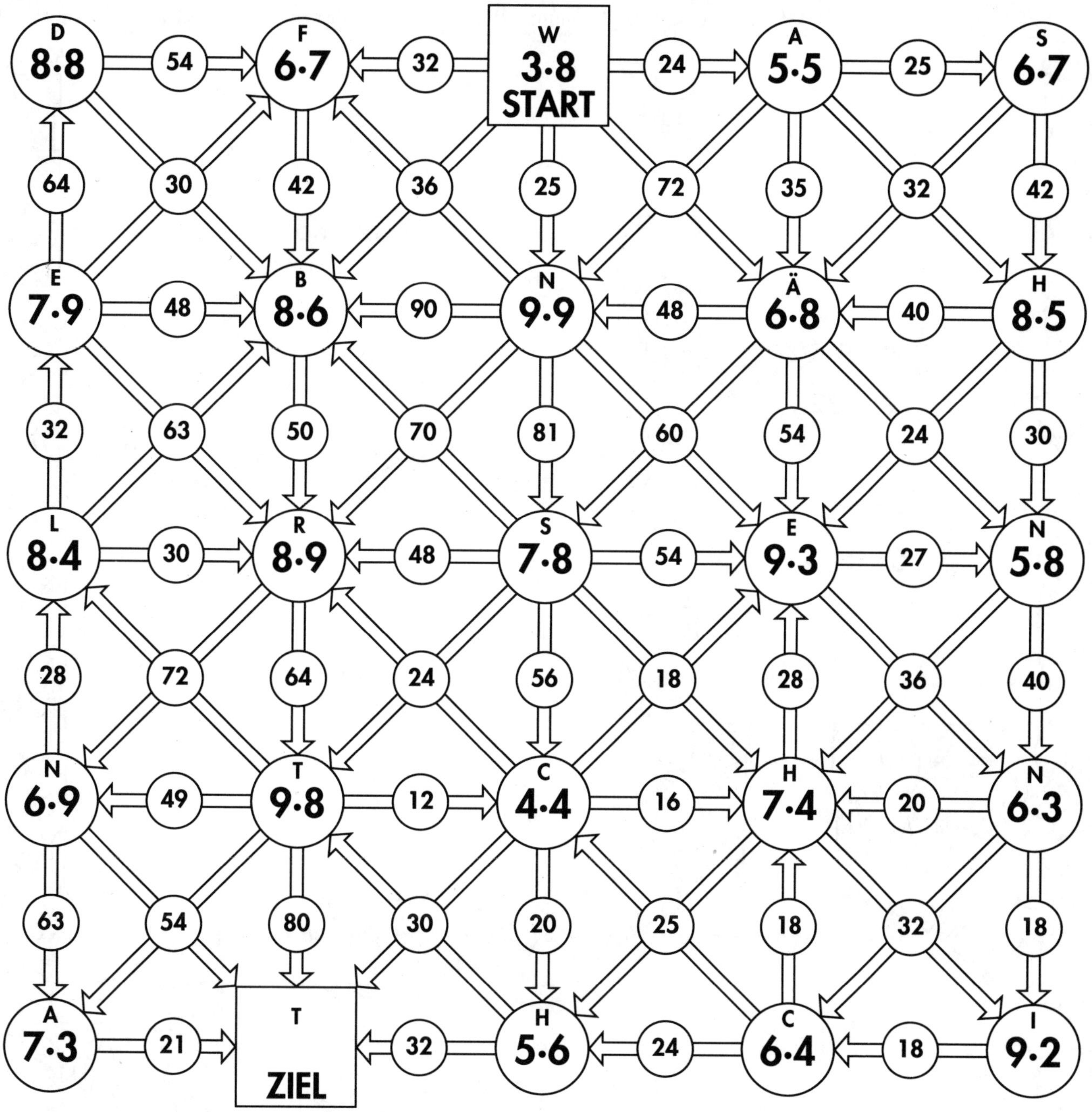

Trage die Lösungsbuchstaben nacheinander in die Kästchen ein.

☐☐☐ ☐☐☐☐☐☐☐☐ ☐☐☐☐☐ ☐☐☐☐☐,

LERNT HANS NIMMERMEHR.

Wie heißt das Sprichwort?

Wolf Verlag · Postfach 110641, Haidplatz 2, 8400 Regensburg

Dornröschen

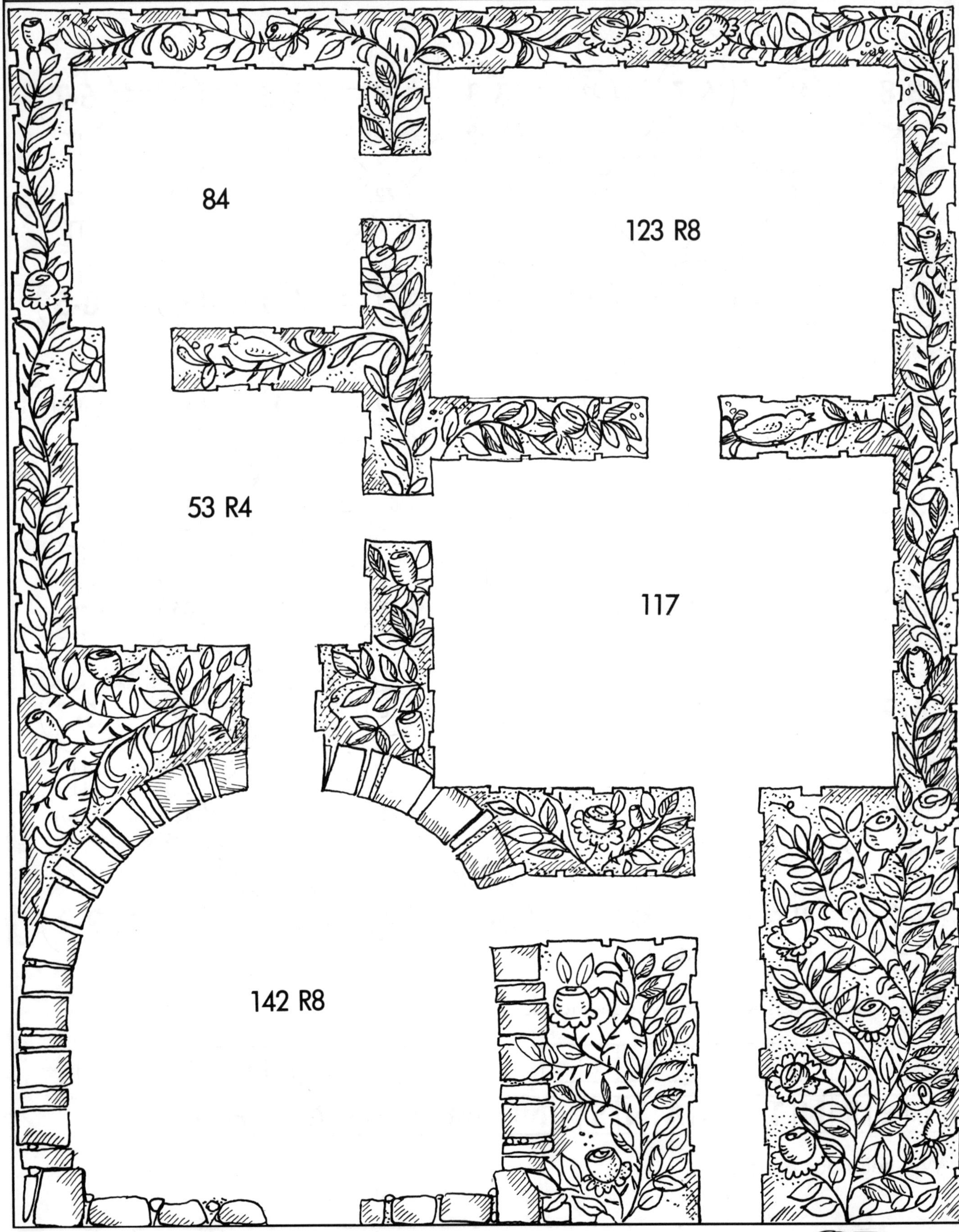

Wolf Verlag · Postfach 11 06 41, Haidplatz 2, 8400 Regensburg

Dornröschen

④ Nimmt man eine Zahl mit 7 mal, so erhält man 4·14.

③ Nimmt man eine Zahl mit sich selbst mal, so erhält man um 2 weniger als 83.

② Das 8fache von 6 ist das 4fache der gesuchten Zahl.

① Der 5. Teil einer Zahl ist um 3 größer als die Zahl 8.

⑥ Eine kleine Ewigkeit im Schloß dauert 6 Jahre. Der Papagei schläft schon 7 kleine Ewigkeiten und 3 Jahre.
Wie viele Jahre sind das?

⑤ Nach langer Zeit sind es schon 52 Jahre.
Wie viele Ewigkeiten und Jahre sind dies?

⑩ Im Schloßkeller lagert Wein in Flaschen und Fässern. Mit 9 großen Flaschen kann man ein kleines Faß füllen. Der Kellermeister bekommt 69 Flaschen geliefert und füllt sie in kleine Fässer um.
Wie viele kleine Fässer kann er füllen? Wie viele Flaschen bleiben ihm übrig?

⑨ Ein anderes Mal hat er 5 Fässer gefüllt und 3 Flaschen blieben übrig.
Wie viele Flaschen hatte er?

⑧ Einmal hat er 8 Fässer gefüllt, 7 Flaschen aber zerbrachen ihm.
Wie viele Flaschen wurden geliefert?

⑦ Nun soll der Kellermeister den Wein von 74 Flaschen in kleine Fässer schütten.
Wie viele Fässer kann er füllen?

Wolf Verlagsnummer **2 670.55** - I/V - Wolf-Handbuch „Spielend zum Einmaleins" – Arbeitshilfe 47

Wolf Verlag · Postfach 11 06 41, Haidplatz 2, 8400 Regensburg

Dornröschen

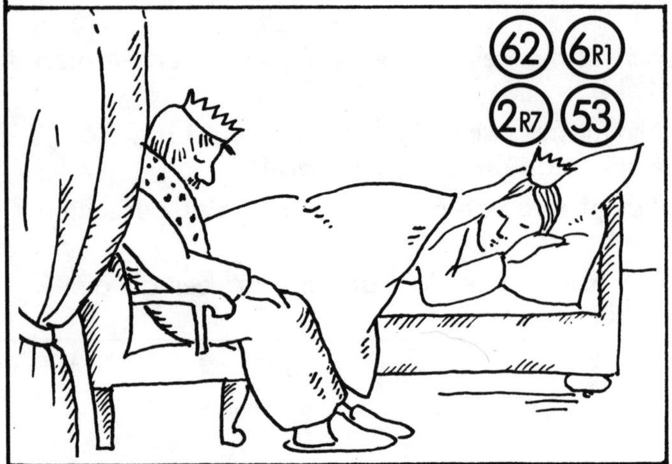

⑩ Jedes Jahr kamen 8 Prinzen, die die Prinzessin heiraten wollten. Einige Schloßbewohner behaupten, es wären insgesamt 23 gewesen.
Wie viele Jahre und Prinzen waren das?

⑨ Wieder andere meinen, daß es schon 49 gewesen wären! Wie viele Jahre und Prinzen waren das?

⑧ Der Hofnarr sagt: „Es fehlen noch 2 Prinzen, dann sind es genau 8 Jahre!" Wie viele Prinzen waren das?

⑦ Der König stellt fest: „Es sind genau 6 Jahre und 5 Prinzen gewesen." Wie viele Prinzen waren das?

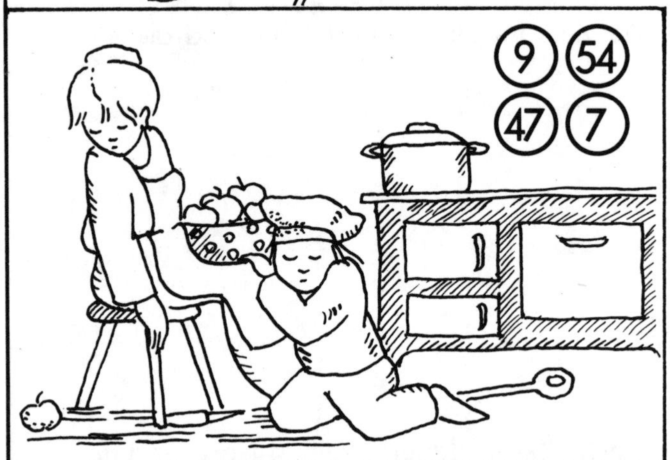

⑭ In der Schloßküche werden nur Wurstdosen mit jeweils 7 Würstchen verwendet.
Der Küchenjunge soll 49 Würstchen besorgen. Wie viele Dosen sind das?

⑬ Ein anderes Mal soll er 60 Würstchen kaufen.
Wie viele Dosen muß er holen?

⑫ Als er wieder einmal mit 8 Dosen ins Schloß zurückkehrt, stellt er fest, daß zwei Würstchen ungenießbar sind.
Wie viele eßbare Würstchen hat er noch?

⑪ Wie viele Würstchen wurden gegessen? Es waren 6 Dosen und 5 Würstchen extra.

Verlagsnummer **2 670.55** - I/V - Wolf-Handbuch „Spielend zum Einmaleins" – Arbeitshilfe 48

Wolf Verlag · Postfach 11 06 41, Haidplatz 2, 8400 Regensburg